ジャパノロジー・コレクション

和菓子 WAGASHI

藪 光生

角川文庫
18989

和菓子

鶴亀
TSURUKAME (crane and tortoise, a symbol of longevity)
白煉切餡(あん)に、緑色の煉切餡を張り合わせて
その境目をぼかしながら(張りぼかし)中餡を包み、
鶴と亀を一つのお菓子の中に表現し、
迎春を祝い、長寿を願うお菓子に
仕上げたもの。

紅梅
KOBAI (red ume blossom)
本紅色に着色した煉切餡(あん)の裏側に
白煉切餡を張り合わせ、
中餡を包む。布巾で絞り、
スプーンで花びらを起こし、
百花にさきがけて開く可憐な紅梅を
表現している。

草餅
KUSAMOCHI (mugwort rice cake)
春、芽吹いた蓬を摘み、
餅に搗きこんで作る。
餡を包んだ草餅(写真)と、
餡やきな粉をまぶした草餅の
二つのタイプがある。
蓬には薬効があり、
古来より邪気を払うとも言われている。

桜餅（焼き皮）
SAKURA MOCHI
(rice cake with bean paste wrapped in a salted cherry-blossom leaf)
桜の葉を塩漬けにすることで
独特な香りが生まれ、
その香りを餅に移して食す。
小麦粉生地を薄紅色に染めて薄焼きにして餡を巻いた
「焼き皮製」（写真）と
道明寺種を赤く染めて餡を包んだ
「道明寺種製」（p.104 椿餅の応用品）がある。

鮎
AYU (sweetfish-shaped pancakes)
卵・砂糖・小麦粉で作った生地を
小判型に流してぎゅうひ
（白玉粉に砂糖を加えて煉った餅）
を芯に二つ折りにたたみ、
焼印で顔・尾びれなどを焼いて仕上げる。
鮎の解禁に合わせて作り始める
夏のお菓子。

葛饅頭
KUZUMANJU (bean paste wrapped in kudzu jelly)
桜の青葉で巻くと、
葛桜とも呼ばれる夏のお菓子。
葛粉を水溶きして砂糖を加えて
煉った生地で餡を包み、透明に蒸し上げる。
小豆餡・抹茶餡(緑)・梅餡(赤)など、
餡の色が葛を通して透けて見える姿が
なんとも涼しげ。

栗鹿の子
KURIKANOKO (bean paste encased in glacéd chestnuts)
「鹿の子」という名前は、
鹿の子供の背中の斑点模様に
見立てたことに由来する。
大納言やうぐいす豆などの蜜漬け豆を使っても作られるが、
蜜漬けした栗を白餡の周りにつけて
仕上げた栗鹿の子は
秋を代表する和菓子。

栗蒸し羊羹
KURIMUSHIYOKAN (steamed bean paste with chestnuts)
栗鹿の子と同様に秋の代表的な和菓子。
羊羹には大きく分けて二つの種類があり、
一つは蒸し羊羹製(写真)で、
餡に小麦粉や葛粉などを加え混ぜ、蒸して作るもので、
室町時代頃より作られていた。
もう一つは煉り羊羹(p.166-167 参照)で、
寒天液の中に餡を加えて煉り、流し固めたもの。
煉り羊羹が作られ始めたのは江戸時代と言われている。

柚子饅頭
YUZUMANJU (yuzu-scented steamed bun stuffed with bean paste)
柚子の表皮を生地に加えた
香りの良い蒸し饅頭（まんじゅう）。
生地で餡を包んだ後、
箸などで中央を押し窪ませ、
ササラという道具で回りを押して
本物の柚子そのままにかたどっている。
緑色のヘタは煉切餡製。

えくぼ饅頭
EKUBOMANJU (dimpled bun stuffed with bean paste)
お正月や、お祝いごとなどに
用いられる蒸し饅頭。
大和芋・つくね芋を使った生地で作られた
薯蕷(じょうよ)饅頭である。
少し窪ませた中央に
赤い色を入れて
えくぼ、微笑みを表現している。

はじめに

「和菓子を食べると笑顔になる」とは、よく聞く言葉だが、確かに和菓子を食べながら怒っている人はいないといってよいだろう。

笑顔になれるのは、食べる人が満ち足りているからであると考えれば、嗜《し》好品《こうひん》の最たるものの一つである和菓子に求められるのは〝美味しさ〟ということに尽きる。

しかし、美味しさを極めることは決して簡単なことではない。

和菓子の命ともいえる〝餡《あん》〟は、作り手が百人いれば百の味になるといわれるほど繊細なものである。

原料を選ぶことから始まって、餡を炊き上げる際に使用する水の性質、鍋釜の材質、渋切の方法、炊き上げる温度、餡ずりの圧力、水さらしの方法、砂糖の種類と使い方、餡煉《ね》りの温度と時間、など様々な工程を経る中で、作り手の個性が餡の味を微妙に変えていくからである。

作られる和菓子にそうした個性があればこそ、その個性に共鳴する人がいる故に、多くの商店街がシャッター通りになったなどといわれる中でありながら、街の和菓子屋が成り立っている。

しかし、和菓子の魅力は単に美味しいということだけではないように思える。その魅力を探ろうとすると、和菓子を生み出した環境、日本人の持つ生活文化そのものにある表象的な、あるいは深層的、潜在的な想いの多様性にいきつく。

日本人の深層心理に占める季節感は、本人が意識するとしないとにかかわらず、私たちに誠に大きな影響をもたらしている。

和菓子職人が季節を表現することに労を惜しまないのは、そこに日本人の心があるからである。

だからこそ単なる食べ物でありながら、季節を表現するための手作りの技や、製法と技術、そして意匠が芸術的だと評価されているのであるし、生活文化と結びついているのである。

日本ならではの歳時記や年中行事、すなわち正月、節分、雛の節句、彼岸、等々の行事と和菓子の結びつきは極めて強い。

さらに、人が生を受けてから長じるにつれて節目を祝う行事である、誕生、七五三、入学、卒業、結婚など、多くの機会に和菓子はなくてはならぬものとされてきた。

その他にも、名所、旧跡はもとより、門前町や城下町にある和菓子もまた、その地方、地域に根差した特長を持ち、伝承されている。

茶の湯との結びつきも特筆されることであろう。道具組みなどに趣向を凝らす茶事の中で、和菓子はその趣向を演出する上で重要な役割を果たすものでもある。

人の心と心を結び付ける役割も大きい。訪問時の土産や贈答などに多く用いられるのは、贈り手の心に適うものを和菓子が持っていることを示しているといえよう。

書き連ねてみると、和菓子を取り巻く様々なものは全て日本人の生活の成り立ちそのものであり、日本人が心のよりどころとするものである。

和菓子は千年の歴史の中で、日本人の生活と共にあり、その営みの中で育まれてきた。

これらを知ることで、和菓子を味わう愉しみをより深めていただければ幸いである。

目次

和菓子の歴史

The history of wagashi

菓子は、大切なエネルギー源として口腹を満たすというよりも、心の栄養となったり、心を豊かにするためのものである。

いいかえれば、人のみが楽しむことのできる嗜好《しこう》的食べ物である。

はるか昔の古代人の生活の知恵によって作られた特別な食べ物が、伝承し発展していく中で、唐菓子や南蛮菓子のような外来のものの味や製法を吸収し、風土や環境、日本人の持つ独特の情緒や感覚など様々な要素と相俟《あいま》って、他に例をみない和菓子というものになったものと思われる。

永い歴史の中で、和菓子の変化を、時代別に大別すると以下のとおりとなる。

①古代の木の実、果物の時代
②餅や団子などの加工技術が進んだ時代
③唐菓子の伝来した時代
④茶の湯の発達した時代
⑤南蛮菓子渡来の時代
⑥国内における戦《いくさ》が終焉《しゅうえん》した江戸時代
⑦洋菓子が渡来した明治維新以降

菓子の起源は、現代の美しい菓子とはほど遠い「木の実」や「果物」のことであり、始まりは天然の木の実や果物による「果子」であった。

古代の人々は農耕の民で糯米《もちごめ》、粳米《うるちまい》、粟《あわ》、麦などを栽培して食す一方で、山野で鳥獣を捕らえ、海や川で魚介を獲《と》って食していた。もちろん野生している「古能実《このみ》」（木の実）や「久多毛能《くだもの》」（果物）も採って食べていた。

その木の実や果物類が菓子の起源である。

また、それを裏付けるような伝説もある。

垂仁天皇（第十一代）が田道間守《たじまもり》に「非時香具菓《ときじくのかぐのこのみ》」を求めて、常世《とこよ》の国（中国南部からインド方面）の不老不死の理想郷に行くように命じた。

田道間守は困難を克服してその木の実を発見し、九年の歳月を経て持ち帰ったが、既に天皇は崩御されており、太后に半分献上した後に奈良尼ヶ辻の御陵に献じ、その前で殉死したと伝えられている。

その木の実（果子）が橘の実であり、後に聖武天皇（第四五代）は詔勅の中で「橘は果子の長上、人の好む所」といわれ「果子」は「菓子」の最初とされた。そして持ち帰った田道間守を菓祖神（兵庫県豊岡市に現存する中嶋神社がそれに当たり、田道間守を祭神として祀っている）にしたという話である。

源順《みなもとのしたごう》が九三一～九三八年（承平年間）に編纂した日本最古の百科事典と

もいわれる『倭《わ》名《みよう》類《るい》聚《じゆ》抄《しよう》』には、菓蓏（くだもの）は、石榴《ざくろ》、梨子《なし》、柑子《かんし》、榛子《はしばみ》、栗子《くり》、椎子《しひ》、榧子《かや》、松子《まつのみ》、杏子《からもも》、林檎《りんご》、桃子《もも》、李子《すもも》、棗《なつめ》、橘《あへたちばな》、橙、柚《ゆ》、梅《うめ》、柿《かき》、枇杷《びわ》、などで、蓏（くさくだもの）類として、瓜《うり》、青瓜《あおうり》、白瓜《しろうり》、黄瓜《きうり》、冬瓜《かもうり》、茄子《なすび》、葡子《あけび》、菱子《ひし》、蓮子《はすのみ》、覆盆子《いちご》が記されている。

この菓蓏類は、上古時代の食糧として大切なもので、初めは自生している果物を生のまま食べることから始まり、天日で乾燥させて保存することも行われるようになった。

また当時、身近に存在した椚《くぬぎ》や楢《なら》の実（どんぐり）などの木の実を食べようとしたが、アクが強くて食べられず、それらの木の実を粉砕して水に晒しアクを抜くことを学習する。そのアクを抜いた粉を粥《かゆ》状にしたり、丸めてから茹《ゆ》でるなどして食した。それが粉食の始まりであり、「団子」の起源といえよう。

それは、火を使うことを知り、砕く、潰す、煉《ね》る、煮る、蒸すなどに用いられた石器や土器が多数発掘されていることからも、上古にはすでに加工された食品が存在していたと類推できる。

我が国の最も古い加工食品として「餅」が挙げられるが、『倭名類聚抄』では「毛知比《もちひ》」とも「持ち飯」とも記載されている。

餅は古代から神聖なものとされていた。九州の『豊後国風土記』にも景行天皇の御代に豊前国《ぶぜんのくに》（福岡県東部と大分県北部）に菟名手《うなて》が来た時に、明け方に白鳥が飛んできてその村に群れた。菟名手がそれを従者に見せると、白鳥はたちまち餅と化し、また、片時の間に芋草（米）に化してしまった。これを朝廷に報告すると「天の瑞物、地の豊草、治める国は豊国」といったと記されている。

和菓子の起源について語る時木の実や果物を抜きにすることはできないが、筆者はこの団子、餅こそが菓子の起源であると考えている。

また、甘味料としては、「飴《あめ》」や「甘葛煮《あまづらに》」が使われていた。

『日本書紀』には、神武天皇が「吾《わ》れ今《いま》当《まさ》に八《や》十《そ》平《ひら》瓮《が》を以って水無くして飴《たがね》を造らん。飴ならば則《すなわ》ち吾れ先ず鋒刃の威を仮《か》らずして天下を平げん、乃《すなわ》ち飴を造る、飴即《すなわ》ち自ら成る」と宣し天下統一したと書かれている。飴は日本で発明された甘味として古いもので、飴または糖と書いて「あめ」と読むが、『日本書紀』では「たがね」と読まれている。

この時代の飴は「米もやし」で作られていたと考えられ、『倭名類聚抄』にも「説文云飴、米蘖《もやし》為之」とある。これは全く砂糖を使わないで作る飴だが、現代においても同じように米から作られる飴が売られているのはよく知られるところである。

もうひとつの甘味は「甘葛煮」であり、同じく『倭名類聚抄』に「千歳蘽《せんざいるい》の汁、状薄蜜の如くして甘美なり」とある。千歳蘽というものが判然としないが、ブドウ科のツタのようなものと考えられる。それをたたいて潰し、成分を煮詰めたものである。

この甘葛煮は、砂糖の輸入が始まるまでの間、貴重な甘味として永く用いられており、清少納言の『枕草子』にも「削り氷に甘葛かけて新しき鋺《かなまり》に入れたる（云々）」と書かれている。

時は廻り、中国大陸の文化が朝鮮の百済《くだら》を経て日本に伝えられると共に文化交流が進み、仏教が伝来したが、六三〇年～八九四年頃にかけて十九回にわたって遣唐使が派遣される。

その遣唐使が持ち帰ったものの中に「唐菓子《からくだもの》」があった。

唐菓子には、糯米《もちごめ》や粳米《うるちまい》、麦などを捏《こ》ねたり、大豆、小豆に塩を入れて油で揚げたものなどがあった。

古い文献に見えるものを挙げてみると、八種の唐菓子は、梅枝《ばいし》、桃子《とうし》、餲《かつ》餬《こ》、桂心《けいしん》、黏臍《てんせい》、饆饠《ひちら》、䭔子《ついし》、団喜《だんき》などで（28ページ参照）、この他に餅類の果餅として、餢飳《ふと》、糫餅《まがり》、結果《かいなわ》、捻頭《むぎかた》、索餅《むぎなわ》、粉熟《ふづく》、餛飩《こんとん》、餅餤《へいたん》、餺飥《ほうとう》、魚形《ぎょけい》、椿餅《つばいもち》、餅餉《へいこう》、粔籹《こめ》、煎餅《いりもち》など十四種が渡ってきている。

菓子の名前は形や味で付けられたものであるが、これ等の唐菓子は祭神用として尊ばれ、現在でも春日大社、八坂神社、下鴨神社、熱田神宮などに神《しん》饌《せん》としてその形を見ることができる。

唐菓子の渡来は、形や製法の上で日本の菓子の発達に大きな影響を与えた。時代は進み、鎌倉時代の初め（一一九一年）に日本臨済宗の開祖、栄西《えいさい》禅師が宋から茶の木を持ち帰って、分栽したことから喫茶の風が発達した。いわゆる茶の湯の流行である。これと共に菓子類も趣向を凝らすようになり、製菓技術が進歩して現代の和菓子の大きな基礎となってくる。

室町時代の茶席には、点心という定食と定食の間の小食があった。心に一点を加えるところから名付けられた間食である。

点心の種類には、一に「羹《あつもの》類」、二に「麺類」、三に「饅頭《まんじゅう》類」があり、羹類には猪羹《ちょかん》、羊羹《ようかん》、白魚羹《しらうおかん》など四十八種類あったと伝えられるが、「羊羹」は羊の肉を入れた汁（羹）のことだった。わが国では仏教の伝来以降、

【梅子】

梅子甲

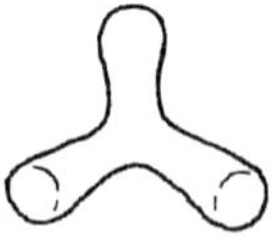

梅子乙

【䭔子《ついし》】

側面　上面

【桂心《けいしん》】

【餲餬《かっこ》】

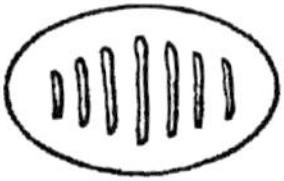

上面

側面

【黏臍《てんせい》】

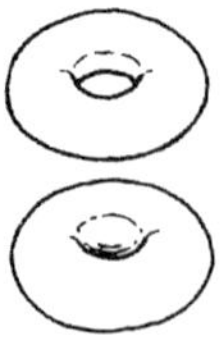

【饆饠《ひちら》】

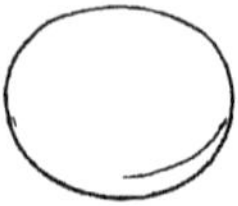

【団喜《だんき》】

公には肉食をしない風習であったため、小豆の粉や小麦粉などを練って、羊肉のようにかたどったものを入れて食べられていたが、その汁が遠ざけられ、蒸し菓子として珍重されたものが、後世に蒸し羊羹となった。

また当時は、菓子として打ち栗、煎餅、栗の粉餅、フノヤキなどの菓子が使われたという記録もある。

やがて、マルコ・ポーロの『東方見聞録《とうほうけんぶんろく》』（一三〇七年）により、南蛮人と言われたポルトガル人やスペイン人、紅毛人といわれたオランダ人やイギリス人たちが日本に関心を持って渡来する。天文十八年（一五四九年）にはフランシスコ・ザビエルが布教活動で日本を訪れたことをはじまりに、貿易を目的としたオランダ船がやってきた。

そして南蛮菓子といわれるハルテ、カステイラ、コンペイトウ、アルヘル、タマゴソウメン、ビスカウト、パン等々が渡来したが、その内の小麦粉を主原料としたカステラ、ボーロ、ビスケット、パン、砂糖を主原料とした金平糖、有平糖、カルメラ、鶏卵そうめん等、南蛮菓子を基にしたものは現代も多くの人に喜ばれる菓子となっている。

この頃になると砂糖が輸入されるようになる。その昔、飴《あめ》や甘葛煮《あまづらに》で甘味をつけていたものが砂糖の輸入によって大きく変化し、菓子の種類や味、製造技術の発展に大きな影響を与えた。

さらに時代は進み、江戸時代となる。

江戸時代になって特筆すべきことは、それまで国内で戦《いくさ》が絶えなかったものが徳川幕府によって国が統一され、戦のない平和な時代になったということである。

戦があった間は、食べるものにも不自由な時代でもあり、とても庶民が菓子を楽しむことはできなかったが、平和になり菓子を食べる余裕が生まれたことで、菓子の製法や技法も著しく進歩し、京都の京菓子に対して、江戸の上菓子が生まれ、それぞれが競い合って一層発展することになった。

人々の往来が盛んになったことや大名の参勤交代の際に菓子が献上されるなど、地方との交流が生まれたことも菓子の発展に拍車をかけた。

寒天が生まれたのは徳川四代将軍家綱公の頃だが、それによりそれまでの蒸し羊羹に加えて、寒天を用いた煉羊羹が作られるようになった。これに代表されるような、様々な工夫や発見があり、更には江戸時代独特の文化も加わって進歩し、現代のものとほとんど変わらぬ精巧な菓子が生まれている。

そうしたことは『古《こ》今《こん》名《めい》物《ぶつ》御《ご》前《ぜん》菓《か》子《し》秘《ひ》伝《でん》抄《しょう》』（享保三年・一七一八年）『古《こ》今《こん》名《めい》物《ぶつ》御《ご》前《ぜん》菓《か》子《し》図《ず》式《しき》』（宝暦十一年・一七六一年）、『菓《か》子《し》話《わ》船《ふな》橋《ばし》』（天保十二年・一八四一年）などの菓子製法の技術書に「落雁」「饅頭」「かすてら」「胡麻餅」「焼饅頭」「外郎《ういろう》餅」「羊羹」「葛餅」「草餅」「求《ぎゅう》肥《ひ》」「松風」「柚餅」などをはじめ「唐錦《からにしき》」「春霞《はるがすみ》」「桔《き》梗《きょう》」「霜《しも》紅《こう》梅《ばい》」「未《み》開《かい》紅《こう》」などの菓銘が列挙されていることから見ても明らかである。菓子が江戸時代に嗜好品としての独立性を確立し、その後約二世紀にわたって、目覚ましい発展を遂げ、それが現代の和菓子に継承されているといえよう。

明治時代になると新政府により鎖国令が解かれ、西洋の文物《ぶんぶつ》が激しい勢いで流入する。それまで日本の菓子は単に菓子と呼ばれていたが、明治時代になって諸外国から様々な菓子が伝えられ、「西洋菓子」という言葉が生まれた。それと区別するという意味で「和菓子」という言葉が生まれたのもこの頃（明治十二年頃）のことである。

西洋菓子も様々なものが紹介され根付いてくるが、西洋菓子の技法が和菓子のさらなる発展に貢献したことも見逃せない。

そして、最も大きな変化はオーブンなどの機器の輸入であったと考えられる。この機器類が輸入されたことにより、小麦粉や卵を原料とした「桃山」「栗饅頭」「カステラ饅頭」など多くの焼き菓子が研究開発された。

こうして、唐菓子や南蛮菓子、西洋菓子などの影響を受けつつ、伝統の技術を活かして和菓子の製法や技術が進歩し、現代とあまり差異のない技法が確立されていった。

昭和の時代になると、国家総動員法（昭和十三年）が発令され、昭和十五年から砂糖も配給制度となり、統制経済となって菓子の生産も著しく衰退する。しかし、戦後二五年には菓子類の価格統制が解除され、続いて昭和二七年には小麦粉や砂糖の統制も撤廃され、原料事情は急激に好転し、製菓業も日を追うごとに復興して、飛躍的に発展の道を歩んで今日を迎えている。

和菓子用語

【煉切餡】白餡を主材料とし、つなぎにぎゅうひ（左記参照）を使ったもの。

【薯蕷煉切餡】白餡を主材料とし、つなぎに大和芋（又はつくね芋）を使ったもの。

【こなし】白餡を主材料とし、つなぎに米粉や小麦粉や餅粉を使ったもの。

【道明寺種】糯米を蒸してから乾燥し、挽き割ったもの。

【錦玉羹】寒天を煮溶かし砂糖や水あめを加えて煮詰め、型に流し入れて固めたもの。

【外郎種】米粉などの穀粉に砂糖と湯水を練り合わせ、蒸して作るもの。

【ぎゅうひ　餅生地】白玉粉や羽二重粉など上質な餅粉に砂糖と水を加えて加熱して煉ったもの。

【きんとん、そぼろ】餡をふるいで漉してそぼろ状に細く押し出して作ったもの。

【ねき餡】餡に砂糖を加えて煉り、さらに水飴を加えたもの。

【張りぼかし】二色の煉切餡を張り合わせ、その境目をぼかす（グラデーションを入れる）方法。

【包みぼかし】二色の煉切餡を使い、一方でもう一方を包んで全体をぼかす方法。包むことによって、表面の色合いに深みを出す。

【布巾絞り】布巾で絞って形を成形する方法。

【手型】かたどるときに、木型などの道具を使わずに、人の手だけで形を整えること。

【挽茶色《ひきちゃいろ》】抹茶の色で、深緑色のこと。

【三角べら】三角柱のそれぞれの辺で細い線、太い線、二重線の三種類の線がつけられる和菓子作りの基本的な道具（左ページ写真参照）。

【ササラ】細く裂いた竹を束ねた道具。牡丹の花弁の筋をつけたり、柚子の皮のブツブツをつけたりするのに使う。

三角ベラを使って
花弁を表現して
いく。その絶妙な
動きはまさに
職人技。

第一章
季節を映す美しい和菓子
Chapter1:Beautiful wagashi for every season

春

桃
MOMO (peach)
淡いピンク色の外郎（ういろう）生地で
桃餡を包み、
桃の実の形に成形。
ふっくら実る桃を
イメージしている。
葉は煉切餡製。

福梅
FUKU-UME (plum blossom)
白煉切餡で赤煉切餡を包んで
うっすらとした色合いに仕上げ、
スプーンを使って
花弁を切り起こし、
シベを添えた。
中から赤をほんの少し
覗かせている。

鶯

UGUISU (bush warbler)

挽茶色煉切餡と白煉切餡を
張り合わせて色の境目をぼかした後、
黄味餡を包んでいる。
絹布巾に包んでうぐいす形に絞り、
目を黒胡麻で表現。
お菓子らしく、
かわいい流線形に。

菜の花
NANOHANA (rapeseed blossom)
外郎(ういろう)生地にうぐいす豆を
裏打ち(内側に入れること)してから
黄味餡を包んでいる。
中央を窪ませて、
菜の花をイメージした黄色きんとん餡を
そぼろ状にして植え付けた。

桜
SAKURA (cherry blossom)
白煉切餡で赤煉切餡を包んだ後、
桜味の漉(こ)し餡を包んだ。
平らな板に押して一度つぶした物を
もみ上げ成形し、三角ベラで筋を入れ
桜の花びらをかたどる。
桜の抜き型で一部分に模様をいれ、
そこにシベを添えた。

西王母
SEIOBO (peach of the goddess Seiobo)
中国の長寿の神様(西王母)が持っている、
3000年に一度実るという桃を模した伝統的なお菓子。
この桃には不老長寿や魔除けの意味があると言われてきた。
この西王母の誕生日が3月3日という伝説から、
桃の節句には欠かせない菓子となっている。
煉切餡製で、鮮やかな色彩で作られる。

水仙

SUISEN (narcissus)

白煉切の中央を黄味色にぼかし、中餡を包む。
手で形を整え、三角べらで水仙をかたどり、
黄味煉切のシベを添えて
春まだ浅い頃に花を開く水仙を
表現している。

早蕨
SAWARABI (young fiddlehead fern)
緑色煉切餡に白煉切餡を張り合わせて、
小豆漉し餡を包んでから、
紡錘形に整えて中央を包丁で切り、
それぞれの先端を丸めて「蕨」形に。
右下にケシの実をつけて、
土を表現。

花衣

HANAGOROMO (cherry-blossom-viewing robe)

赤・黄・緑の煉切餡を合わせて伸ばし、
上に白煉切餡を張り合わせた物を四角に切り、
黄味餡を芯にしてたたむようにして
仕上げたもの。
春になり、草花が芽吹いてくる様子を表現している。
かわいらしい色あいと、たたんだ袖口のような形が
お雛様の着物も連想させる。

春の野
HARU NO NO（spring field）
白餡と大和芋の裏ごしを煉り合わせた
薯蕷(じょうよ)餡を、春の野に咲く菜の花色にし、
そぼろ状に押しだし、
つぶし餡を芯に植え付けた。
「蝶」を添え、
春のぽかぽか陽気を表現。

桜花
OUKA (cherry-blossom)
小豆色に着色した煉切餡で、
棒状にした漉し餡を巻いて斜めに切り、
表面の一部分に焼き目をつけて、
桜の花びらを一輪添えたお菓子。
春満開の木々を
イメージして作ったもの。

四季の楽しみ

The pleasures of the four seasons

四方を海に囲まれ、緑溢れた国土を持つ日本には、世界中の何処《どこ》にもないと言っても過言ではない美しい四季がある。

俳句に、春の山を表す言葉として「山笑う」という季語がある。春になって褐色の産毛に覆われたような山の木々が次第に潤みを帯びて春の陽に照らされ、山そのものが笑みを浮かべているように感じられることをいう言葉である。

夏には、山の岩壁や蘚苔《せんたい》類から滴り落ちる水滴が表す情景から清冽な涼味を感じ取り「山滴《したた》る」。秋には錦の織物のように紅葉、黄葉した木々に彩られる山を称して「山粧《よそお》う」「山彩る」。冬には落葉した山々が色を失う情景が、あるいは雪に閉ざされた山が、静かに眠るようにみえることから「山眠る」という。

この繊細な感覚と表現。これらを生んだのは美しい日本の四季によって育まれてきた日本人の感性であると言えよう。

現代に生きる人たちは、季節の訪れを待つということに昔の人ほどの感慨はないのかもしれない。冬の寒さの中でも暖房設備がいきわたり、さほど寒さを感じなくてもすむようになった。

しかし、昔の人が春を待つ心は現代人の想像をはるかに超えるものであったろう。

春が来るということは、生きるために大切な田植えなどの農作業の始まりを告げることであったに違いないし、障子一枚、板戸一枚で寒さをしのいでいる故に、暖かさを待つ心もそれだけ大きかったに違いない。

冬の寒さが厳しければ厳しいほど、春の訪れを告げる鶯《うぐいす》のさえずりに耳を欹《そばだ》て、新芽の息吹に目を奪われたであろう。

和菓子もそうした四季の中で育まれてきたのである。人々は、いまだ春の兆しがみえぬ頃に一足早く季節を告げる和菓子から春の訪れを感じ、具象化された意匠や形から春そのものを感じ取ってきた。

季節を表現する和菓子にはふた通りある。

ひとつは、季節の訪れと共に作られる和菓子である。

正月の「花びら餅」に始まり「草餅」「桜餅」「柏餅」「水羊羹《ようかん》」「葛饅頭《まんじゅう》」「水饅頭」「栗蒸し羊羹」など、その季節になると店先に並べられる和菓子である。これらの和菓子はその季節が過ぎると店先から姿を消し、翌年まで作られることはない。

一方、〝煉切《ねりきり》〟や〝こなし〟などを用いて季節を表現する和菓子もある。

素材は同じであるが、表現するものによって姿を変えるのである。

春まだ浅く、地面も凍てついている朝が多い頃、「福寿草」や「ふきのとう」をかたどった和菓子が作られ、やがて「梅」をかたどり、次いで「椿」「桃」「桜」と移っていく。初夏から夏へは「鮎《あゆ》」や「紫陽花《あじさい》」「撫子《なでしこ》」などをはじめ、水の流れを表す和菓子が登場する。秋になると、「月や雁」「萩」や「菊」「紅葉」などの木や花を映し、冬には「山茶花《さざんか》」「残菊」「枯野」「初雪」などを表現する。

ここに挙げたものはごく一部であるが、季節の訪れを、移り変わる様を、和菓子で表現していくのである。

日本の季節の移ろいは実に繊細である。春、夏、秋、冬、四季があることは知らぬ人とてないが、たとえば、その春を三分割して、初春、仲春、晩春という呼び方もある。

また、春夏秋冬を六分割して細分化したものを「二十四節気」という。

春は、立春、雨水《うすい》、啓蟄《けいちつ》、春分、清明《せいめい》、穀雨《こくう》と六分割する。夏、秋、冬にもそれぞれの六分割された節気がある。

その二十四節気をさらに三分割して約五日ごとに一年間を表す「七十二候」という季節がある。二十四節気でいう立春という期間の中を「東風解《とうふうこおり》凍《をとく》」「黄鶯睍睆《おうこうけんかんす》」「魚上氷《うおこおりをはいずる》」とさらに三分割するので、二十四節気×三分割=七十二候というわけである。

和菓子屋の中には、この二十四節気ごとに店頭の和菓子の意匠を変えるところがあるし、例外的ではあるが七十二候を意識している店もある。

日本人は、たとえ本人は意識していなくとも潜在的に季節の移ろいに大きな影響を受けている。日本で育まれた和菓子だから、季節を大切にすることは当然といえば当然だが、冷凍技術や栽培技術の進歩から野菜や魚の店でも季節を感じさせてくれるものがめっきり少なくなり、暮らしの中から季節感や風物詩といわれるものが失われつつある現在、和菓子があの小さな姿の中に季節の風物詩を映しとって、日本の四季を表現していることは特筆されるべきことであろう。

夏

紫陽花
AJISAI (hydrangea)
雪平生地で白餡を包み、
中央を窪ませる。
赤紫色錦玉羹と青紫錦玉羹の２色を
角切りにして盛り付け、
緑色羊羹の葉を添えて
紫陽花を表現。

水羊羹
MIZU-YOKAN (soft adzuki bean jelly)
煉り羊羹(ようかん)より
寒天の量を少なく使い、
あまり煮詰めずに
やわらかく仕上げたみずみずしい羊羹。
触るとくずれてしまいそうなやわらかさは
暑い夏のお菓子に
ぴったりの喉越しのよさ。

朝顔

ASAGAO (morning glory)

夏の朝に花開く朝顔を煉切餡で表現。
白煉切餡に赤色煉切餡を
埋め込んでから中餡を包み、
窪ませた中央部には
朝露に見立てた錦玉羹を添えて
菓子にみずみずしさを加えている。

びわ
BIWA (loquat)
橙色の外郎(ういろう)生地の中央を
軽く押して窪ませ、
緑色外郎生地を入れた後、中餡を包む。
手で成形して、
「びわ」の実をかたどる。
中餡には、種に見立てて
虎豆の蜜漬けを入れてある。

花菖蒲

HANASHOBU (iris)

紫色の煉切餡を延ばして、
白煉切餡を張りぼかしに包み、
一部分に黄色煉切餡を張り中餡を包む。
布巾で絞ってから、
三角ベラでかたどり、
緑色の煉切製の葉を添えて
花菖蒲を表現。

夏牡丹
NATSUBOTAN (summer peony)
白煉切餡で赤煉切餡を包んだ後、黄味餡を包む。
黄色煉切餡でシベを入れ、
三角ベラで筋を入れた後、
ササラを使って細かい線を三方向から入れて
牡丹の花をかたどる。
錦玉羹を雫に見立てて添え、
雨上がりに咲く牡丹を表現した。

藤

FUJI (wisteria blossom)

白煉切餡で紫色煉切餡を包んだ後、
漉し餡を包む。
紡錘形にし、
三角ベラで筋を入れ
押し棒を使って放射状に押し出した後、
針で細い線を入れる。
風にたなびく藤の花を表した。

青梅

AO-UME (young plum)

初夏に実る梅の実を、煉切餡を使って表現。
緑色煉切餡に黄色煉切餡を
少量張り合わせてから青梅餡を包み、
三角ベラで筋を入れて先端をつまみ出した。
箸で押し、窪ませた後に
三角ベラで筋を入れたものと
二種類である。

河原撫子
KAWARANADESHIKO (dianthus flower)
薄赤色煉切餡に白煉切餡を張り合わせて
色の境目をぼかした後、
小豆漉し餡を包む。
俵形に整え、三角ベラで蛇籠模様に筋を入れ、
赤色煉切餡を撫子の花型で抜いて付けた。
河川の護岸に使う蛇籠をかたどることで、
河原を連想させる。

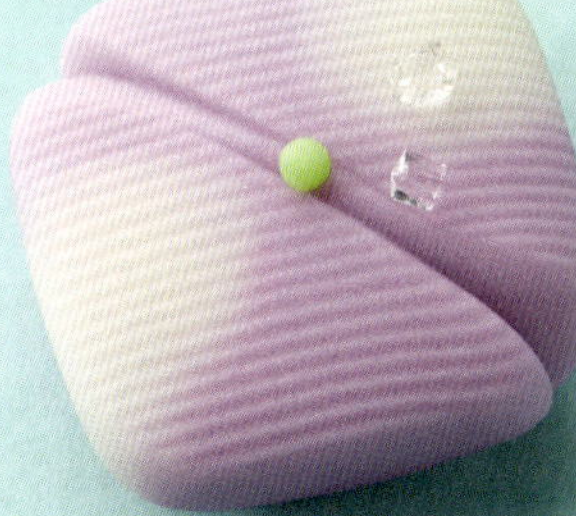

四葩（よひら）
YOHIRA (hydrangea)
紫色煉切餡に白煉切餡を２か所張り合わせて、
小豆漉し餡を包む。
沢山の筋が入った板に押して筋を入れた後、
三角ベラで斜めに線を入れ、緑色の煉切餡を
芯にして、錦玉羹の角切りを添えて雫を表現。
四葩とは紫陽花の異名だが、
ここでは紫陽花の花びら一枚をクローズアップした。

ほおずき
HOZUKI (chinese lantern flower)
夏になると全国各地で
「ほおずき市」が開かれる。
東京では、浅草の浅草寺が有名。
紅色煉切と黄色煉切を張りぼかしにして
中餡を包み、
布巾絞りと手型でほおずきをかたどった。
黄色の位置を微妙に違えている。

菓銘の文化

Sweets named after poems and historical episodes

一、和菓子は五感の芸術

「和菓子は五感の芸術である」とは、全国和菓子協会の第二代会長で虎屋十六代当主であった故黒川光朝氏の提唱した言葉である。

食べ物にすぎない和菓子を芸術だと言い切ることについて若干のおこがましさはあるものの、和菓子というものをよく言い表しているといえよう。

五感とは、改めて言うまでもないが、視覚、触覚、味覚、嗅覚、聴覚のことである。

視覚は、全ての食べ物に共通することだが、和菓子を前にした時に先ず感じるのが、目で見る色や形、あるいはどのような素材で作られているかで、それによって「美味しそう」「桜の季節だ」「涼しげだ」と視覚から受ける印象がある。これは別にきれいにかたどられた和菓子だけを指すものではなく、何の変哲もない団子や大福であっても同じで、食べたいという気にさせる第一歩である。

触覚は、その和菓子の軟らかさや硬さなどを手で触る、菓子楊枝で切るなどによって感じるものであるが、口に含んだ時の噛み心地や舌触りなどもこれに当たる。

和菓子には業界用語で「口溶《くちど》け」という言葉がある。餡《あん》は見た目では粘り気があるように見えるが口の中に入れるとさらりとして、すっと消えてなくなる。その独特の感覚のことを「口溶け」を持っているというが、これも触覚のひとつである。

味覚は、食べ物を味わう上で最も重要な要素であり、改めていうまでもあるまい。

嗅覚は、むしろ和菓子にはあまり特徴がないといえる。和菓子の香りといえば、米や小豆等の原材料が持つほのかな香りが中心であり、香りの強いものといえば柚子《ゆず》や肉桂《にっき》、山椒《さんしょう》などがある程度である。

とはいえ、実はこのほのかな香りというものを感じることのできる日本人の感性が和菓子を育んだともいえる。

古来、日本人は匂いというものにとても敏感である。平安時代には衣装にたき込めた「香」によって闇夜でもそれが誰であるかを知ったというし、「香道」や「聞香」などの文化が育ったのも、匂いについての繊細な感性を教養のひとつとしてきたからである。

この点は茶の湯との関連の深さにもつながっている。茶席における茶の香りを超えない和菓子が、お茶の魅力を引き立て、同時に和菓子の存在感をも示すことになっている。

最後に聴覚であるが、食べ物でいう聴覚とは、たとえば煎餅を嚙んだ時の「パリッ」という音などがある。この音にも味覚を助ける働きがあるといえよう。

しかし、和菓子を嚙んでもそんな華やかな音は生じない。

黒川氏はこの聴覚で感じるということを、食べる時に出る音ではなく、ひとつひとつの菓子に付けられた菓銘によって感じられるものであるという。菓銘を知ることにより、その菓子の由来などを知る。それが和菓子の味わいを深めているという考えである。
二、菓銘を考える
菓銘にもさまざまな要素がある。

先ず挙げられるのが「その和菓子をつくる店の屋号」と結びついたものである。「○○屋の△△」というように店の名が冠となっているもので、羊羹《ようかん》、最中《もなか》、饅頭《まんじゅう》、その他、永年に亘って信用を築いてきた老舗には、多かれ少なかれ代表的な銘菓があり、それが屋号の代名詞になっている場合が少なくない。

次に挙げられるのが、地域の名勝、史跡や地名との関わりである。例えばある地域に「薄墨桜」といわれる名木があって、その桜にちなんで薄墨羊羹という名が付いたりする。また地名なら東京、向島の「長命寺の桜もち」や「言問団子」、愛知県名古屋市の「納屋橋饅頭」、静岡県の「安倍川もち」、岩手県の「南部せんべい」、和歌山県の「那智黒」などがあり、これに当たる和菓子は数多い。

菓子に銘が付けられるということは、世界的に見ても例がないわけではない。

皇帝や女王の名、名所の建造物などによって名づけられた菓子もある。しかし、それはごくわずかであって、ほとんど全ての菓子になんらかの銘が付されているのは、和菓子だけの特徴といって良い。

菓子の名前は漠然と付けられているものではない。短歌や俳句、あるいはその地域の歴史や気候風土、伝説に由来するものはもとより、その地域の日常生活や年中行事などに基づいて、代々の店主や菓匠によって名付けられたものが多い。

たとえば「煉切《ねりきり》」という和菓子がある。白餡《しろあん》などに蒸した薯蕷《じょうよ》やぎゅうひなどをつなぎに煉り込んだ煉切餡を細工して作る和菓子である。

毎年一月から二月にかけて和菓子屋の店頭には「梅」をかたどった和菓子が登場する。菓銘は「梅」「白梅」「紅梅」「黄梅」と誰にでもわかるものから「此の花」（俳句の季語で梅のこと）「未開紅《みかいこう》」（まだ蕾《つぼみ》の状態の紅梅）「咲き分け」（紅白に咲き分ける梅のこと）など様々である。

そうした中に「東風《こち》」「菅公梅《かんこうばい》」「飛び梅」などの銘を持つ和菓子もある。

「東風」とは春になって冬の気圧配置が緩んで、柔らかく弱い風が東や北東の方向から吹くことを表す。「東風吹かば 匂ひおこせよ 梅の花 主なしとて 春な忘れそ」と菅原道真公が詠んだ歌があり、この東風が菓銘となっている。

菅原道真公は梅の花が好きであったことで知られる。大変功績のあった人だが讒訴《ざんそ》されて福岡県大宰府に流された。供は門下生一人と幼児が二人の寂しい旅立ちであったという。その時に詠んだ歌である。その菅原道真公の旅立ちを悲しんで屋敷内にあった「梅」が一夜のうちに大宰府に飛んで花を咲かせたという話が伝わっている。「菅公梅」とは、菅原道真公の梅という意味であるし、「飛び梅」とは、大宰府に飛んで行った梅を指す。

夏に向かうと「氷室《ひむろ》」と銘を持つ和菓子が登場する。夏なのに「氷の室《むろ》」とは何故か。その昔、この時期になると冬の間に作っておいた各地の室から氷を取り出して宮廷に献上したという。

『日本書紀』に次のような記述がある。仁徳天皇の兄である「額田大中彦《ぬかたのおおなかひこの》皇子《みこ》」といわれる方が大和国《やまとのくに》（現在の奈良県山辺郡）で狩りをした時に、野原に大きな室を見つけ、その中に氷が残っているのを発見した。それ以降は、その室を真似て約一丈（約三メートル）ほどの深さの穴を掘って底に「みくり」や「かや」の葉を分厚く敷き、その上に雪をいっぱいに入れて踏み固め、さらにしっかりと草で蓋をすると夏まで氷が残るので、その氷を献上したということである。六月一日を「氷のついたち」というのも、鎌倉時代にこの日にその氷を臣下に下賜したことに由来するという。

「夏ながら 秋風立ちぬ氷室山 ここにぞ冬を 残すと思へば」と藤原定家が詠んだ歌がある。これが「氷室」という菓銘を生んだのである。

秋、紅葉の季節になると、もみじをかたどった和菓子が作られる。「秋の山路」「錦秋」「松間の錦」「深山錦」など紅葉や山の彩りを表す菓銘のほかに、「竜田」「龍田」「竜田野」「竜田川」などという銘もある。「ちはやぶる 神代もきかず 竜田川 からくれなゐに 水くくるとは」在原業平、また

「立田姫　雨にかよひて　秋ごとに　染めわたしけん　橋のもみじ葉」高畠式部、などの詠み歌がある。

その昔、この竜田川（奈良県の西北部を流れる大和川の支流）が紅葉の名所であったことから歌に詠まれ、和菓子の「菓銘」となっているのである。

ちなみに春の女神は「佐保姫」であることから、当然春には「佐保姫」の銘を持つ和菓子が作られる。

こうした菓銘を聴いて、その歴史や情景、由来などに想いを巡らせる。

単に和菓子を食べるということだけではなく、その菓銘から連想の広がりを得て、和菓子を愉《たの》しむ。これもまた日本だけが持つ文化といえよう。

現在でも、必ずといって良いほど和菓子には菓銘が付けられている。その地域の名所や歴史を由来としているものも少なくない。

和菓子屋を訪れた際などは、その菓銘の由来を聞くことも一興である。

秋

柿
KAKI (persimmon)
柿の実は外郎(ういろう)種を使い、
ヘタは煉切餡で作成。
実りの秋をイメージして、
ふっくらとした柿の実形に。
また、一部分を赤くすることで
柿の熟した部分を表現した。

錦秋
KINSYU (autumn splendor)
赤・黄・緑の三色煉切餡で
栗餡を包んでいる。
これを絹布巾で包んで茶巾絞りにした。
緑色から黄色に、
そして赤色に変わる
秋の山の彩りを表した。

栗ひろい
KURIHIROI (chestnut)
小豆煉切餡で、栗餡を包み、
栗一粒そのままの形に仕上げた。
中央の窪みは卵の型で押さえ、
栗の先端は指でつまみ出す。
底に着けた粉は米粉を炒って
きつね色に焦がしたもので、
リアルな栗を表現。

里の秋

SATONOAKI (autumn in the countryside)

薯蕷（じょうよ）煉切餡で小豆中餡を包んで
「里芋」を形取り、
桂皮（シナモンのこと。ニッキとも。）で
芋の模様を表現し、
一部に小芋状の突起を添えた
秋の味覚。

稲雀
INASUZUME (sparrow in a rice field)
たわわに実った稲穂に寄った雀をイメージ。
刻み大納言入りの小豆色煉切餡と
白煉切餡を張り合わせて境目をぼかし、
グラデーションをつけてから
絹布巾で包んで鳥の形に絞る。
黒胡麻で目を表し、
白胡麻を添えて稲穂をイメージした。

菊華
KIKUKA (crysanthemum)
薄赤色煉切餡の中央に
濃い赤色煉切餡を埋め込んでから
緑色の柚子餡を包んでいる。
三角ベラで16等分に筋を入れて
押し棒と針を使って花びらを入れる。
中心に、黄色いシベをつけた。

時雨

SHIGURE (rain shower)

小豆餡をそぼろ状に押しだし、
刻んだ栗を混ぜ合わせて
型に詰めたもの。
ほろりとした口あたりが特徴。
時折り降る、
秋の時雨をイメージ。

里桔梗
SATOGIKYO (chinese bellflower)
紫色煉切餡に白煉切餡を
張り合わせて境目をぼかし、
小豆中餡を包む。
これを絹布巾で包んで手前を絞った後、
三角ベラで筋を入れて桔梗の花弁を表す。
絹布巾で絞った細かい筋で、
花弁の模様を表現した。

紅葉
KOYO (autumn leaf)
樺色煉切餡と黄色煉切餡を
張り合わせて境目をぼかして
グラデーションをつけた後、
小豆漉し餡を包む。
三角ベラで筋を入れて葉の切れ込みを作り、
針で細い線を入れて葉脈を入れ、
色づく紅葉を表現。

富有柿
FUYUGAKI (fuyu persimmon)
秋を彩る柿の実を煉切餡で表現。
柿色に着色した煉切餡の一部分に
朱色の煉切餡を張りぼかしにし、
柿餡を包み、
煉切餡製の「ヘタ」を添えた。

栗饅頭
KURIMANJU (chestnut-stuffed bun)
中餡に蜜漬けした栗を煉りこんだり、
中餡で蜜漬け栗一粒を包んだりして
作られる焼き菓子。
生地で、栗入りの餡を包んだ後、
卵黄を饅頭の上に刷毛塗りしてからオーブンで焼く。
卵黄部分に濃く焼き色が付き、
この焼き色を栗の鬼皮の色に見立てている。

匠の技と個性

A tradition of craftsmanship rich in individuality

和菓子から感じる技と個性というと、多くの人は華やかさや美しさ、写実性がある、具象化されている、などの表面的なものに目が向きがちである。

しかし、和菓子が単なる芸術品として観賞するものではなく、味わって満足を得るものであるからには、味が良いということが何よりも求められて当然である。

技と個性には、見える技と個性もあれば、目には見えない技と個性もある。

見えない技と個性とは何を指すのか?

筆者は仕事柄、いちどきに百人の和菓子職人が作った百とおりの薯蕷饅《じょうよまん》頭《じゅう》を味わう機会が度々ある。その中には当然ながら優れたものもあれば、首をかしげたくなるものもある。しかし、表面的には誰が見ても美味しそうな饅頭である。

その中で優れていると思う饅頭が、仮に十個あったとしても、その十人が作った十個の饅頭は全て同じではない。優れているものの中にも、それぞれの和菓子職人や和菓子屋の持つ個性が発揮されており、味わい深いものがある。同じ材料で同じ品物を作りながら、何故このように味が異なるのであろうか。

様々に理由はあるのだが、ひとつの例として〝餡《あん》〟のことを考えてみよう。餡の材料となる小豆は、同じ北海道産小豆であっても品質が異なる。小豆という作物の性格から考えれば自明のことである。

北海道産小豆は五月の末頃から六月の初旬にかけて、畑の地温が十℃程度になると播種《はしゅ》（種を播く）される。約二週間の内に発芽し、その後一週間に一枚程度の割で本葉を増やす。やがて分枝がはじまり、七月中旬を過ぎると下部から花が咲き始める。

この開花の状態は約一ヶ月、天候の状態によっては一ヶ月半にも及ぶことがある。

開花すると稔実して小さな莢《さや》をつける。子実（豆）の肥大は、開花後約四十日くらいで最大になって収穫されるのだが、開花が一ヶ月～一ヶ月半に及ぶわけであるから、早く莢になったもののもあれば遅れて莢が付いたもののも出てくる。

例えていえば、一本の木に赤ちゃん小豆もあれば、年寄りの小豆もあるということである。

従って、同じ畑で収穫されたものであっても、そこにはまだ充分に育っていない豆や、乾燥が過ぎてしまう豆など、様々な小豆が存在することになる。

勿論、収穫の適期に収穫したものか、適期からさらに一週間～十日遅れて収穫されたものかによっても品質に違いが出てくる。

さらに言えば、土壌要因や畑の立地によっても当然品質は微妙に変わる。

そうした様々な豆をいちどきに炊いても良い餡は作れないので、色や粒形、粒大を揃《そろ》えるように選別をする。そして等級が決められて出荷され、和菓子屋が入手することになるわけである。

同じ畑で収穫されたものであっても粒の大小などが異なるものを選別することにより、同品質の豆に集約するわけで、永年の歴史の中で最善と思われる方法がとられている。

ところがである。それでも品質にはバラつきがでる。さらに、その年の日照時間など天候要因によっても変化する。

こうした豆の違いが餡をつくる段階でどのように影響するかというと、多くの要素があるが、表皮に含まれるタンニン、サポニン等の成分に限って一例とすると、タンニンやサポニンは、隠し味的に小豆の風味の一画を占めるものであるが、実は苦味成分、渋味成分である。これが生育要因によって大きく変化するのである。和菓子職人はこのタンニンとサポニンを程よく除去しなければならない。この作業を〝渋を切る〟という。ところが、この渋を切るのには、いろいろな切り方がある。

豆を炊いて、沸騰が始まる前に切るのか？　沸騰してから切るのか？　沸騰して何分経過したら切るのか？　何度切るのか？　それは職人によって異なる。

その年によって小豆の出来が違うのであるから、当然それに合わせて微妙に渋の切り方は変わってくる。

それが、餡は百人が作れば百の味になると言われる理由である。

その難しさを乗り越えて、和菓子職人たちは美味しい餡を作り、変わらぬ味を生み出しているのである。

さらに言えば、和菓子作りには、その全てに米粉○グラム、砂糖○グラムなどという配合割合があるが、その配合は暑く湿度が高い夏と、寒く湿度が低い冬、そして過ごしやすい春秋とでは微妙に異なるのである。その微妙な違いを感じて修正し、食べる人に変わらぬ味を提供する。

その実態は表面からは窺《うかが》い知れぬものであるが、それを為すのが和菓子職人の匠《たくみ》の技と個性といえよう。見えない技という所以《ゆえん》である。

一方で、和菓子が成り立つためには、良い形や彩りが必要であることは言うまでもない。「煉《ねり》切《きり》餡」や「こなし」などを用いて、季節の風物などを映し取り和菓子を作るのも、技と個性である。

季節などを表現する和菓子には、木型に煉切餡などを入れてかたどる「型もの」と、補助的に小さなヘラなどを使い、手の技で仕上げる「手形もの」の二種類がある。

手技で作るものには、和菓子に限らず書画と同じように作り手の心が表れる。

例えば、初夏の花である「あやめ」を模した和菓子を作るとしよう。

ある和菓子職人は煉切餡を布巾で包んで絞り、抽象的ではあるが力強く訴えかける「あやめ」を作る。

また一方では、花の形は勿論、葉の葉脈ひとつまでも表現したような繊細な「あやめ」が作られる。

どちらが良い、悪い、というのではない。その表現は千差万別であり、そこに個性が生まれる。多くの和菓子屋には、どの和菓子にも伝承された形がある。

その形は親方から弟子へ、先輩から後輩へと伝承されていくのであるが、作り手が変わる以上、たとえ親方から教えられ、模倣が技術に進化したとしても、同じものは作れない。そこには必然、弟子である和菓子職人の個性が生じてくる。ある意味でその個性を知ることも和菓子の愉しみといえよう。

手作りの技とは「ふたつと同じものができない面白味」と「ふたつと同じものが作れない怖さ」が同居するものである。同じ和菓子職人が作った同じ様な形の和菓子であっても、ひとつひとつには微妙な違いがある。

何グラムという重さを手の感覚だけで量ることができる熟練の和菓子職人であっても、押す、ひねる、ヘラを切る、といった手仕事の力の入れ方や素材の伸ばし方、包み方には素人目にはわからない微差が生じ、寸分たがわず同じ形に仕上げることはできない。

同じ形のものができない面白味と怖さを知っているからこそ、その困難を超えて、同じ和菓子を作り続けることができるのであるし、誰もが感じとれる見える技になるのである。

手作りの魅力とは何かと問われることが少なくない。

現代のように機械文明が発達してくると、わずか一平方センチメートルの部分に一グラムの圧力を掛けることができるような精巧な機械も存在する。

しかし、一平方センチメートルの部分に触ったか触らないか分からないような〇・〇一グラムの圧力を掛けることはできない。

が、人の手技はそれを為すのである。

少々理屈が先走るが、誰もが知る「おむすび」のことを考えると分かりやすい。

人が握る「おむすび」には、硬すぎず軟らかすぎず、実に程よい力が加えられている。食べている途中でご飯がポロポロと落ちてしまうこともないし、それでいて一粒一粒のご飯がしっかりと感じられる。

正に、人の手のみがなし得る絶妙な握り加減である。

型にご飯を押し込めるようにして作られているものと較べれば、違いは明らかであろう。

そうした微妙な味わいを生み出すのが手作りの魅力というものである。

もうひとつ、忘れてならない技と個性の伝承がある。

それは、老舗和菓子屋などの銘菓といわれるものである。これらの品々は、見る人が見れば何処の和菓子屋の何という和菓子かが一目でわかる。

それはまさに、永い歴史の中で、しかも材料などの精製度や品質の違いを超えて銘菓として期待されるものを作り続ける各和菓子屋の技と個性である。それは和菓子の持つ多様な広がりを示していると共に、日本という国土の中で育まれた伝統の味わいを語っているといえよう。

冬

鶯餅
UGUISUMOCHI (bush warbler rice cakes)
ぎゅうひなどの餅生地で中餡を包み、
鶯(うぐいす)色のきな粉をまぶした餅菓子。
鶯を別名「春告鳥」
と言うことから、
立春の頃に作られる。

椿餅
TSUBAKIMOCHI (rice cake wrapped in camellia leaves)
道明寺種に肉桂（ニッキ）を
入れて味付けをし（肉桂を用いず白色のものもある）
小豆漉し餡を包む。
椿の葉２枚で挟むのが特徴。
「源氏物語」にも
その名がみられる餅菓子。

つくし
TSUKUSHI (horsetail shoot)
白薯蕷(じょうよ)饅頭(まんじゅう)生地の一部に
緑色薯蕷饅頭生地を張り合わせ、
小豆漉し餡を包んで蒸し上げる。
これを「織部饅頭」と言う。
織部饅頭には決まった季節はないが、
ここでは「つくし」の焼印を押すことで
春のお菓子として仕上げた。

山茶花
SAZANKA (camellia)
赤色煉切餡(ねりきりあん)に白煉切餡を張り合わせて
境目をぼかし、小豆漉し餡を包む。
丸扁平に整え三角ベラで筋を入れて
花弁の重なりを表し、
手前を指でつまみだしてヒダを寄せ
山茶花の特徴を出す。
葉は、挽茶色煉切餡と白煉切餡を重ね合わせて
薄く伸ばし、木の葉型で抜いて作る

銀杏
ICHOU (ginkgo)
黄色煉切餡の一部分に
緑色煉切餡を張り合わせて、
丸く薄く延ばして黄味餡を
芯にたたみ込んで銀杏の葉を表現。
ひらひら舞う、秋の街路樹をイメージ。

姫椿
HIMETSUBAKI (miniature camellia)
冬の凜とした空気の中に咲く椿を
やさしく表現した。
白煉切と紅色煉切を包みぼかしにし、
手と三角ベラでかたどり、
黄味色のシベを添えた。

万両
MANRYO (christmas berry)
挽茶色煉切餡と白煉切餡を
張り合わせて伸ばし、
三角形に切り出し小豆漉し餡を
芯にしてたたんだもの。
紅色煉切餡を小さく丸めて2個付けた。
白煉切餡の白は雪を表し、
葉は三角形と全体的に抽象的だが、
和菓子独特の世界観で表現。

御来光
GORAIKO (rising sun)
樺色煉切餡の中央に黄煉切餡を
ぼかし包みにし、
中央を絹布巾で絞り、
２つの岩の間から、
初春の朝陽が昇る瞬間を表現した。

雪うさぎ
YUKIUSAGI (snow rabbit)
白煉切餡で緑色の柚子餡を包む。
先を尖らせた卵形にした後、
平板を使って丸く筋を入れて
後ろ足を入れ、
押し棒で押し出して耳を表現する。
丸めた白煉切餡で尾っぽをつけ
紅色羊羹で目をつけた。

冬支度
FUYUJITAKU (winter firewood)
これから寒さ厳しくなる
冬の前準備をイメージ。
寒い冬場、囲炉裏に使う焚き木を
拾い集めた様子。
小豆色煉切餡を小田巻という道具を使い
細長く漉しだし、中餡を芯にして巻き上げた。
氷餅を散らすことで霜を表現している。

ひいらぎ
HIIRAGI (holly)
挽茶色煉切餡に白煉切餡を
張り合わせて境目をぼかした後、
中餡を包む。
三角ベラで筋を入れて
葉が重なったようにかたどり、
針を使って葉脈を入れ、
紅色煉切餡を丸めて二つ添えた。

和菓子の材料

Specialty ingredients

和菓子の材料は大半が植物性のものである。

小豆《あずき》やいんげん豆、手亡《てぼう》（白いんげん豆）等の豆類、糯米《もちごめ》や粳米《うるちまい》、米粉、小麦粉などの穀類、砂糖、芋類、胡麻、葛、寒天などであり、動物性のものというと卵の使用が目立つ程度である。

中でも代表的なものといえば、豆類、米粉、砂糖と寒天である。

【豆類】

和菓子作りに欠かすことができないもので、特に「小豆」抜きでは和菓子を語ることはできない。

小豆という表記は「大豆」との粒大の比較の中から生まれたものであると考えられ、業界では「ショウズ」とも呼ばれる。

古くから日本に存在する小豆であるが、その生態は意外と研究されていない。それは世界中で小豆を食べる習慣があるのは日本、中国、韓国、台湾など、限られた東アジアの一画だけだからであろう。

小豆は元来「陽力」のある食べ物とされてきた。陽力とは太陽の力とでもいおうか、邪気を祓《はら》う力があるということである。

生きものの命は太陽によって育まれるものであり、太陽への信仰が生まれるのは当然である。

その太陽の力を赤色に置き換えているのであろう。

神社の鳥居、紅白の幕など、赤という色が邪気を祓う力がある色として崇《あが》められ、中でも保存性がある赤い色をした小豆が、ハレの日に食す赤飯などに用いられるようになるのは自然なことと思われる。

「地小豆」という言葉があるように「小豆」は全国どこでも栽培できるが、品質の良さから、特に知られているのは「丹波《たんば》」「備中《びっちゅう》」「北海道」などであり、特に北海道産の小豆は風味に優れていることから、国産小豆の九〇パーセントを占めている。

小豆は主成分が澱粉《でんぷん》で約五七パーセントを占めるが、少々特異な形を持つ澱粉で、澱粉粒四〜五個をセルロース系の食物繊維で包んだ〝餡《あん》粒子〟と呼ばれる粒子を持っている。

餡を食べると分かるが、一見して粘り気が多いように見えていながら、口中に含むとさらりと溶けてベタベタした粘り気は感じない。片栗粉などの澱粉のことを考えれば分かるとおり、砂糖を加えて煉《ね》れば粘り気の多いものになる。しかし、同じ澱粉でありながら小豆の澱粉は餡粒子が存在しているから粘り気がないのである。大豆系の豆にはこの餡粒子は存在しない。

その餡粒子がどのように育つかは、育つ環境によって異なるが、日中に温度が一定以上に高くなり、かつ夜間はすっと涼しくなるというような昼夜間の温度差がある環境が最適となる。そのため北海道で採れた小豆が良質とされるのである。

丹波は兵庫県であり、北海道とは地域が異なるが、主に山間部で栽培するので、山の天候特有の昼夜間の温度差があり、良質の小豆や大納言を産する。

他に白餡の原料として、白インゲン豆、中でも「手亡《てぼう》」がよく用いられる。手亡とは変わった名前だが、白インゲン豆の一種である。通常インゲン豆は朝顔のように蔓を巻くため、支柱となる「手助け」が必要となる。しかし、手亡だけは半蔓性であり、支柱となる「手」を必要としないことから「手がいらない」ので手亡と名付けられた。独特の粘り気と風味を持つ豆で、白餡の旨味《うまみ》を生み出す。

他に白餡の原料としては、「白小豆」「大福《おおふく》」「福白金時《ふくしろ》」などが用いられる。

また、「豌豆《えんどう》」はうぐいす餡に、「赤豌豆」は豆大福や豆かん、あんみつに欠かせない豆である。

【米粉】

米を粉にしたものには、実に豊富な種類があり、和菓子にはそれぞれの特性を活かして使われている。加工技術が優れているので、ひと口に粉にするといっても様々な加工の方法が生み出された。

先ず、粳米《うるちまい》と糯米《もちごめ》によって当然、粉の種類は変わるし、それぞれ、生で加工する場合と、加熱して加工する場合とでは性質は大きく異なる。また、粉にした際の粒子の大きさによっても弾性と粘性に大きな差が生まれる。

粳米を生のままで粉にしたものには「上新粉」と「上用粉」がある。「上新粉」はその挽き方や粒子の大きさで、しこしことした歯応えになったり、粘り気のある軟らかさを生んだりする。

「上用粉」は、上新粉と較べて粒子が細かい米粉である。

糯米《もちごめ》を生のままで挽いたものには、似てはいるが微妙に違う「ぎゅうひ粉」と「白玉粉」がある。

糯米に水を加えて加熱し、アルファ化して粉にしたものには「寒梅粉《かんばいこ》」や「道明寺粉《どうみょうじこ》」がある。

「寒梅粉」は「焼き味《み》じん粉」ともいうが、糯米を水洗いして水に漬け、水切りをして蒸した後に搗《つ》いて餅をつくり、これを焼いてから粉にしたものである。

「道明寺粉」は、糯米を水洗いして水に漬け、蒸したものを乾燥させてから砕いたものである。

大阪にある道明寺という寺が発祥地で「道明寺糒《ほしいい》」として有名である。

乾燥していて軽く、持ち運びに便利で、水に漬ければ戻して食べられるので、江戸時代以前の戦国時代には合戦の際などに兵糧食として使われた。それが和菓子に用いられるようになったのである。

他に「上南粉《じょうなんこ》」という粉もあるが、これは寒梅粉のように餅生地にしたものを焼かずに細かく粉砕したものである。

これらの米粉は、それぞれの特性を活かして和菓子作りに使われる。「上用粉」は薯蕷《じょうよ》饅頭《まんじゅう》や外郎《ういろう》に、「上新粉」は柏餅や草餅、団子などに使われる。

糯米を使った和菓子には大福やあんころ餅、菱餅があり、「ぎゅうひ粉」は、ぎゅうひや花びら餅、「寒梅粉」は打ち菓子などに使用される。「道明寺粉」は椿餅(一〇四ページ)や道明寺製桜餅、夏の和菓子を代表するみぞれ羹《かん》などに使う。

このように米粉は様々な生地に使われるが、これ以外にも「黄味しぐれ」や「桃山」にほんの微量混ぜるなどされて貴重な働きをする。


【砂糖】

砂糖は甘みという美味しさを生みだすだけでなく、他の成分と結びついて重要な働きをしている。

砂糖は水を蓄えると離さないという保水性がある。つまり水分の蒸発を防ぐ働きがある。

保水性があるということは、そのものに含まれる水分が砂糖に取り込まれて自由に動くことができなくなる状態をいう。このような水分を結合水と呼び、逆に自由に動き回れる水を自由水と呼ぶが、自由水が多いと菌の発生や繁殖の原因となる。

自由水の割合を示す単位に水分活性というものがあるが、水分活性が〇・九Ａｗ以下（Ａｗは水分活性の単位）ならほとんどの菌は活動できなくなる。従って、砂糖を用いることは、和菓子の水分活性を抑え、一般生菌などの繁殖を防ぐ働きもしていることになる。

もうひとつ、砂糖には褐変反応《かっぺんはんのう》という性質がある。どら焼きの表面はこんがりとした焼き色がついているが、あれは焦げているのではない。あの色になるほど焦げているとしたら焦げくさく苦味が生じてとても食べられまい。

あの色は褐変反応といって、アミノ酸と砂糖が結合したものが加熱されることによって起きるアミノカルボニル反応で、フランス人のメイラード博士が発見したことからメイラード反応ともいわれる。

和菓子はこうした砂糖の特性を巧みに利用して作られている。

一般的に砂糖はサトウキビやビート（砂糖大根）を搾って蜜にして不純物を取り除き、精製度を高めたものである。

砂糖が白いことを漂白しているなどという人がいるが、全くの誤りで不純物を取り除いて純粋な結晶を取り出しているのである。砂糖が白いというのも間違いで、グラニュー糖をひと粒とってみると分かるが、実は透明である。その透明のものに光が当たって反射し、白く見えるに過ぎない。

ほとんど純粋な結晶とはいっても表面に微量の不純物が残る。従って結晶が大きい程純度が高く、不純物が少ないため、切れの良い甘味になるといわれる。

製法は若干違うが、氷砂糖、ついで粒度の大きい順から、白ざら糖（鬼ざら糖）、グラニュー糖、上白糖と続く。

和三盆糖もよく使われる。

和三盆糖は竹糖とも呼ばれるサトウキビを搾って煮詰めて褐色の白下《しろした》というものを作り、白下を畳一枚くらいの大きさの舟（盆）に入れて水を加えて練る。それを布の袋に入れて、重しをつけたテコの力を利用して搾る。水分と共にアクや不純物を流すのである。その袋の中に残ったものに、また水を加えて練るのだが、これを「研《と》ぐ」と呼ぶ。そしてこの動作を最低三回は繰り返すことから和三盆糖と呼ばれている。

独特の風味を持ち、キメ細かいので生のままで食べるととても美味しい。

打ち菓子や押しものといわれる和菓子になくてはならぬものだが、最近では最中《もなか》餡《あん》や羊羹《ようかん》にも入れて、その旨味を活かしたものもある。

他に代表的な糖としては「黒砂糖」がある。

独特の風味をもち、手作りの製法で作られるもので、鹿児島から沖縄辺りの離島で産する。手作りであるから、作られた島々によって味は微妙に違う。最近は輸入されているものもあるが、国内産のものと較べると味は異なるようである。

【寒天】

寒天は、テングサやオゴノリといった紅藻類の粘性物質を取り出してつくった乾物で、植物性の食物繊維である。洋菓子に良く使われるゼラチンと似た印象があるが、ゼラチンは動物性のたんぱく質であり、まったく異なるものである。

寒天の起源は「ところてん」にさかのぼる。ところてんは平安時代に遣唐使が製法を持ち帰ったと言われており、その時代から「ところてん」として食べられていた。寒天を発明したのは京都の旅館の主であった美濃屋太郎左衛門といわれる。

　徳川四代将軍家綱公の頃、参勤交代の途中にあった薩摩藩主島津公が美濃屋に宿をとった際に供した「ところてん料理」があり、その使い残しを外に出しておいたところ、寒い冬のことで、ところてんが凍りついた。そして日中になると溶けて水分が流れだし繊維だけが残ったものを水と共に煮たところそれが溶け、冷やすとまた固まる。しかも水分が取り除かれたことで海藻の匂いが著しく減じた。

　これを研究して製造法を確立したのが「寒天」の誕生となる。

　この誕生により、それまで蒸し羊羹《ようかん》であった羊羹に、新たに煉《ねり》羊羹が生まれるなど、和菓子原料として大きな役割を果たすようになった。

　煉羊羹、水羊羹、錦玉羹《きんぎょくかん》などはもとより、様々な和菓子に少量加えるなどして使用されており、和菓子作りに欠かせない材料である。

第二章 できたてを食べたい日常の和菓子

Chapter2:Freshly-made sweets for everyday eating

朝生菓子

Freshly-made morning sweets

最近では、その業界の中だけで通じる「業界用語」が一般的な言葉として使われることが少なくない。

和菓子の世界で「朝生菓子《あさなまがし》」とは、読んで字のごとく、その日の朝の内に作って、その日の内に食べるべき和菓子のことをいう。草餅や大福《だいふく》、団子など馴染みのある生菓子のほとんどが朝生菓子といわれる。

餅や団子など澱粉《でんぷん》系の和菓子は、どうしても時間が経つと老化して硬くなってしまう。これを防ぐためには、保水性の高い砂糖などを加える方法があるが、それによってその和菓子本来の味を損ねては意味がないどころか、和菓子そのものの魅力を失うことにもなる。さりとて、なんらかの添加物（老化防止剤のようなもの）を加えて老化を防ぐということは、和菓子作りの精神にそぐわない。

朝生菓子は、草餅や大福、団子などと記したが、その季節の訪れと共に作られるものも多い。また、価格の面からみても比較的安価なものが多く、庶民的な親しみやすさを持つ和菓子でもある。

一方、作られたその日の内に食べたのでは、まだ美味しさが充分ではない和菓子もある。例えば、栗饅頭《まんじゅう》やカステラ饅頭、東《あずま》饅頭、桃山などの焼菓子は、作りたての品よりも明くる日になってから美味しさを増す。

焼かれた生地（種）と中の餡《あん》が馴染んでくるのだが、業界ではそれを「戻りが良い」などという。

和菓子の世界には他にも様々な業界用語がある。

餡の種類は様々にあるが、「上割餡《じょうわりあん》」「中割餡《ちゅうわりあん》」「並餡《なみあん》」などという言葉もある。

聞きようによっては「上割餡」が高級なもので「並餡」が普通のものという印象だが、決してそうではない。

この場合、餡を煉《ね》る際の砂糖の量によって違いを表している。並餡よりも中割餡、さらに上割餡と砂糖の量（配糖率）が多くなっていくのである。

その昔、砂糖が高価であった頃に、より多く砂糖を使ったものとそうではない和菓子とを区別する意味でそのように呼んだのであろう。

それらは作られる和菓子の種類によって使い分けられる。同じように「並生菓子」「上生菓子」という言葉もある。「並生菓子」は「朝生菓子」と同意語である。

一方、季節を装うかのように表現する煉切《ねりきり》やこなしで作られる和菓子を「上生菓子」という言い方をするが、これも決して上等と並とを区別しているのではない。

「喰い口もの」と呼ばれる和菓子もある。

業界人であっても正しく説明しにくいような言葉だが、見かけが良いとか悪いとか、手が掛っているとかいないとか、に関わらず、食べて美味い（喰い口が良いと称す）というような和菓子を指す意味である。

また、同様に「口溶けが良い」などという言葉がある。これは七二ページでもふれたが文字どおり、食べてみて口中でさらりと溶けあうように旨味を感じることをいうが、「喰い口が良い」とか「口溶けが良い」などの言葉は、食べ物になら何にでも使えるちょっと曖昧で良い言葉だと思う。

しかし、業界用語はあくまでも業界用語であって、それは業界の中だけで生きていればよい言葉である。和菓子屋の店先で、通ぶって「今日の朝生菓子には何があるの？」などと聞くのは、はた目からみてもあまりよいものとは言えないと思うが如何《いかが》。

かしわ餅

KASHIWAMOCHI (rice cakes wrapped in oak leaves)

柏は、秋に葉が枯れても春に新芽が芽吹くまで
葉が落ちない。「家の世継が絶えないように」
との縁起から、端午の節句に柏の葉で巻いた餅を
食べるようになったのが始まりと言われている。
小判形に延ばした餅生地で餡を挟むときに
「兜」の形を模して作られる。
中餡は、白餅生地が小豆漉し餡。
赤餅生地が味噌餡になっている。

水無月

MINAZUKI (sweet traditionally eaten in the sixth month of the lunar calendar)

6月30日には、多くの神社で半年分の穢れを落とし、
この後の半年の健康と厄除けを祈願する
「夏越の祓」(なごしのはらえ)の神事が行われる。
この時期に必ず登場するのが、この水無月。
平安時代、宮中では氷室から氷を切り出して食し、
炎暑の息災を祈ったとのことで、
この氷に見立てたお菓子である。
上に散らした小豆にも、魔除けの意味がある。

栗きんとん
KURIKINTON (sweet potato puree with chestnuts)
生栗を蒸し、鬼皮から実を取り出して裏ごしをする。
裏ごししたものに砂糖を加えて煉り上げ、
茶巾絞りにして仕上げた。
栗と砂糖、それ以外のものは加えずに作る
栗きんとんは栗の味をストレートに
味わえるのが魅力。

そばもち
SOBAMOCHI (buckwheat cakes)
蕎麦粉を入れた餅生地で潰し餡を包み、
上面を鉄板で焼いたお菓子。
蕎麦の香りが際だつ。
蕎麦粉が入った餅は
歯切れがよいのが特徴。

黄味時雨
KIMISHIGURE (egg yolk and bean paste bun)
白漉し餡に卵黄を加えて煉った黄味餡で
生地を作り、中餡を包んだ後、
蒸して表面に亀裂模様を入れる。
黄味餡の硬さ、粘性や蒸気の強さで
亀裂の入り方が変わるので、
綺麗な亀裂模様を作るために
それらに充分な配慮をして作られる。

おはぎ
OHAGI (rice dumplings covered in bean paste or other coatings)
つぶし餡の小豆の皮が小さく散る様が
萩の花に似ていることから
「おはぎ」と名付けられたという。
蒸した糯米(もちごめ)に熱湯を加えて硬さを調整した米種を作り、
漉し餡や潰し餡を包んだものや、
米種で餡を包んできな粉などをまぶしたものがある。

花見団子

HANAMIDANGO (skewered dumplings for cherry-blossom viewing)

お花見の時に作られる、赤、白、緑の三色団子。
上新粉(粳米〈うるちまい〉の粉)を水でこねて蒸し、
蒸しあがったものを臼でついて団子にする。
色については諸説あるが、
寒い冬が終わって新芽が芽吹き桜の花が咲いて
暖かな春の訪れを感じさせる色合わせといえる。

月見団子

TSUKIMIDANGO (moon viewing dumplings)

お月見の時にお供えするお団子。
花見団子と同じく上新粉（粳米〈うるちまい〉の粉）を水でこねて蒸し、
蒸しあがったものを臼でついて団子生地を作る。
団子生地だけを丸めたものと、
団子生地で餡を包んだものとがあり、
三角山に積んでお供えする。

下・**焼き団子**、中・**餡団子**、上・**草団子**
YAKIDANGO (dumplings with sweet soy glaze)
ANDANGO (skewered dumplings with bean paste)
KUSADANGO (mugwort dumplings)
「焼き団子」は白団子生地に
醤油の甘辛たれを絡めたもの。
「餡団子」は同じ白団子生地に小豆
漉し餡をつけた。
「草団子」は蓬を搗(つ)きこんだ
団子生地で潰し餡をつけている。
各地に伝わる、庶民のお菓子。

くるみ餅
KURUMIMOCHI (rice cake with walnuts)
上新粉(粳米〈うるちまい〉の粉)、もち粉(糯米〈もちごめ〉の粉)、
黒糖、上白糖、葛粉などをこね合わせ、
蒸気にかけて蒸して生地を作る。
この生地で小豆漉し餡を包み、
すだれにおして模様をつけ、
再び蒸気にかけて蒸し艶出しをする。
最後に焼いたくるみを飾り付けて仕上げる。

どら焼き

DORAYAKI (pancakes stuffed with sweet beans)

どら焼き生地の基本は、三同割(さんどうわり)と言って、
卵、砂糖、小麦粉が同じ割合であること。
その生地を平らな銅板の上に丸く流して焼き上げる。
焼き上げた生地は2枚を一組として、
軟らかい粒餡を詰める。
小豆、大納言を使用した粒餡が一般的だが、
お店によっては漉し餡を詰めたり、
そのほか様々な餡を工夫して作られている。
(銅は熱の伝わりが良い材質で、平鍋以外に餡を煉る鍋にも用いられる。)

艶ふくさ
TSUYAFUKUSA (pancake pouch stuffed with bean paste)
通常は小麦粉を最後に加えて生地を作るが、
「艶ふくさ」生地は最初に
小麦粉に水を加えてグルテンを出す「逆こね法」と
呼ばれる方法で生地を作るのが特徴。
平らな銅板で焼いて、
表面にできる気泡を模様にする。

角金つば

KAKUKINTSUBA (sweet beans in a thin wheat shell)

「金つば」の名前の由来は「刀の鍔(つば)」にあり、
元は丸いお菓子だった。
現在は、四角いものも金つばと呼ばれることが多いが、
由来を尊重し、ここでは「角金つば」とした。
豆は粒の形を残すようにして軟らかく煮上げ、
砂糖を加えて漬け込んだ後、寒天を加えて流し固め、
流し固まった餡を四角く切り出す。
生地は小麦粉を主体として作り、
作った生地を角金つば六面に順に付けながら
中の餡が透けて見えるように平らな銅板で焼く。

桃山
MOMOYAMA
(white bean and egg yolk cakes)
白こし餡に卵黄を入れて煉った黄味餡で生地を作り、
オーブンで焼いて作るお菓子。
伏見城(桃山城)の桐文様をかたどって作られたのが始まりで、
それが名前の由来と言われている。
型の模様を綺麗に出せる生地なので、
色々な模様で作られる。

月餅
GEPPEI (moon cakes)
中華菓子で、中国では
お月見の時に
お供えをし、食される。
日本の月餅は、
月見の行事とは離れ、
中国より小型のものが主流。

虎皮焼
TORAKAWAYAKI (tiger pancakes)
基本配合は「どら焼き」と同様だが、
焼くときに銅板に紙を敷いて生地を流す。
焼成後、焼き上げた生地から紙を
はがし取ると縞模様が現れ、
その縞模様を、虎の模様に見立てて
「虎皮焼」と名付けられた。
紙の厚さによって現れる模様が異なり、
趣きの異なる虎皮焼ができる。

第三章

全国各地に伝わる伝統の和菓子

Chapter3: Traditional local sweets throughout Japan

干菓子

The beauty of higashi, Japan's dry confectionery

菓子には、様々な分類の仕方があるが、「生菓子」「半生菓子」「干菓子」と、菓子に含まれる水分量によって分類する呼称がある。「生菓子」は菓子に含まれる水分が三〇パーセント以上のものを指し、「半生菓子」は四・六〜三〇パーセント、「干菓子」は四・六パーセント未満と定められている。例えば、俗に「本煉羊羹《ようかん》」などと称するが、羊羹を煉る際にしっかりと時間を掛けて煉り上げると水分量は減少して「半生菓子」と呼ぶことになるし、あまり時間を掛けずに軟らかく仕上げると「生菓子」に分類される。こういう分類は物理的根拠はあるものの、極めて分かりにくく現実的ではない。

さて「干菓子」。一言でいえば水分量が少なく、日持ちの良い菓子を指すと思ってよい。前述した水分四・六パーセント未満という数値とは異なるが、一般的には、水分が二〇パーセント弱以下のもので、半乾きの菓子も含めて「干菓子」と呼ばれている。

小さくてひと口で食べられることから別名、「一口菓子」などと言うこともある。小さくて愛くるしく、また色彩豊かに季節の風物を映しとって作られるもので、茶席などでも多く用いられるなど、ある面では華やかな菓子といえなくもない。

製法は様々で「艶干錦玉《つやぼしきんぎょく》」「すはま」「石衣《いしごろも》」「打ち菓子」「寒氷《かんごおり》」「ほうずい」「有平《あるへい》」「雲平《うんぺい》」「片くりもの」などなど、種類も多い。

「艶干錦玉」とは、錦玉（寒天と砂糖を煮詰めたもの）に水飴《みずあめ》を加えて羊羹を流す舟（型）に適宜の厚さに流し固め、季節を表す型で抜いた後に焙炉《ホイロ》で表面を微熱乾燥させたものである。「すはま」は黄奈粉《きなこ》に砂糖を混ぜて、ぎゅうひや寒梅粉をつなぎに加えてかたどるもので「三色だんご」や「栗」「早蕨《さわらび》」などを作ることが多い。

「石衣」は並餡《あん》といわれる餡に砂糖を加えて煉《ね》り上げ、さらに水飴を加えた「ねき餡」を作り、餡玉にした上に、砂糖に水飴を加えた「すり蜜」で覆ったものである。「打ち菓子」は製品によって和三盆糖、焼き味じん粉、麦こがし、豆こがし、黄奈粉、栗粉など、それぞれの材料に砂糖を加えて均一にもみ混ぜ、各種の木型に詰めて型打ちした菓子で、薯蕷《じょうよ》（山の芋）をつなぎに使うと「片くりもの」と呼ぶ。

「寒氷」は寒天に砂糖を加えて煮詰め、粗熱を取ってから絹篩《きぬぶるい》（目の細かいふるい）に通して、麵棒で摺り、羊羹舟に流し固め、季節を表す型で抜いたもの。「ほうずい」とは、寒天に砂糖を加えて煮詰め、さらに、水飴を加えてよく混ぜ合わせ、絹篩で漉《こ》した後に卵白を軽く泡立てたものをよく混ぜ合わせて羊羹舟に流し固めて、季節を表す型で抜き、仕上げに砂糖、味じん粉、粉末オブラートなどをまぶして乾燥させたものである。

「有平《あるへい》」は、砂糖に水を加えて煮詰め上げた飴であり、煮詰め加減で仕上りの艶が異なる。南蛮菓子として渡来したものが日本独特の技術で繊細な加工が施されるようになり、和の飴として伝えられているものである。

「雲平《うんぺい》」は、粉糖に寒梅粉を混ぜて、溶かしたゼラチンを徐々に加え、もみ混ぜたものだが、製造する菓子によって仕上げの硬さが異なる。飾り菓子(工芸菓子)の製作には欠かせないものである。

以上はごく基本的な種類と製法を記したが「打ち菓子」ひとつを例にとっても、全国各地に銘菓と呼ばれる打ち菓子があり、その銘菓のそれぞれは微妙に配合も材料も変化する。言い換えると、基本的な配合や作り方を元にしていながら、作り手によって味も形も様々に変化するということであり、和菓子職人の技と心の見せ所といえる。

春の干菓子

右上・**桜**
SAKURA (cherry-blossom)
寒氷（かんごおり）製。
寒天・水・砂糖で蜜を作り、
麺棒で混ぜて白濁させたものを
流し固めて型抜きしたもの。

右下・**花見団子**
HANAMIDANGO (dumplings)
雲錦（うんきん）製。
摺り下ろした大和芋に、
砂糖と片栗粉をもみ込む。
着色してから丸めて串に指し、
オブラート粉末をまぶしたもの。

左上・**水紋**
SUIMON (ripples)
落雁（らくがん）製。
砂糖に、水と水飴（みずあめ）で作った蜜を
少量加えてもみ混ぜた後、
味じん粉と合わせて種を作り
木型に詰めて押し固めたもの。

左下・**鼓**
TSUZUMI (drums)
桃山（ももやま）製。
黄味餡に味じん粉を入れた餡を鼓形にし、
黒胡麻を付けて焼成し、
中央の窪みに羊羹を絞ったもの。
桜咲く、花見の頃の情景を表現した。

夏の干菓子

右上・**若楓**
WAKAKAEDE (young maple)
艶干錦玉(つやぼしきんぎょく)に
雲平(うんぺい)を張り、
楓の型で抜いて青楓を表現。

左上・**玉すだれ**
TAMASUDARE (bead curtain)
桃山種を玉すだれに押して模様を写し、
短冊に切り出してから
石衣餡を芯に巻き上げて焼いたもの。

中央・**紫陽花**
AJISAI (hydrangea)
艶干錦玉を紫陽花の色彩に着色して固めたものを
細かく切り出して乾燥させた。

右下・**浜辺波**
HAMABENAMI (lapping wave)
有平糖製。水色と白を組み合わせて飴をひき、
波の形にかたどった。

左下・**磯辺**
ISOBE (on the beach)
和三盆落雁製。
磯に遊ぶかにと貝殻を表現したもの。

秋の干菓子

左上・**紅葉**
KOYO、
右上・**銀杏**
ICHOU、
左下・**松葉**
MATSUBA、
右上・**枯葉**
KAREHA
生砂糖（きざとう）製。
砂糖と寒梅粉（かんばいこ）を
合わせた中に水を加えて煉り合わせたもの。

左上・**銀杏の葉**
ICHOU NO HA
黄味雲平（きみうんぺい）製。
砂糖と寒梅粉を合わせた中に卵黄
を加えてこねあげ、
薄く延ばして型で抜き、
オーブンで焼き上げた。

左下・**松茸**
MATSUTAKE
雲錦（うんきん）種製。
松茸に形取り、
桂皮末を刷毛塗りして仕上げた。

右下・**栗の実**
KURI NO MI
栗落雁製。

中・**松ぼっくり**
MATSUBOKKURI、
右・**銀杏の実**
ICHOU NO MI
和三盆落雁製。

以上、５種類の素材を使い、
いろいろな秋を「吹き寄せ」た。

冬の干菓子

右上・**寒椿**
KANTSUBAKI (winter camellia)
赤色のねき飴(水飴を使って煉った餡)に、
黄色ねき餡をつけて落雁種をまぶして
木型で抜いたもの。

右下・**垣根**
KAKINE (fence or hedge need to see picture)
きな粉落雁製。

左上・**藪柑子**
YABUKOJI (marlberry)
羊羹に薄く延ばした生砂糖を張り合わせて
木葉型で抜き、
赤く着色した砂糖を
丸く絞ったもの。

左下右側・**雪輪**
YUKIWA (snowflake shaped family crest)
鳳瑞(ほうずい=寒天液と泡立てた卵白を
混ぜ合わせた生地)製。
流し固めた生地を雪輪の型で抜く。
雪輪は雪の結晶のこと。

左下・**小石**
KOISHI (pebble)
黒ゴマ入りカルメラ製
煮詰めた糖蜜に砂糖と卵白で作った種を
入れて麺棒で攪拌して膨らませた。
小雪舞う、冬の庭を表現したもの。

伝統のお菓子 羊羹、最中

Traditional sweets "YOKAN, MONAKA"

羊羹《ようかん》、最中《もなか》ともに和菓子を代表するといってよい菓子で、永い歴史の中で育まれて、全国にその地域を代表するような銘菓として存在し、現代の世にあっても多くの人に愛されている。

ところで、小豆や白いんげん豆、砂糖、寒天などを原料とするものが何故「羊羹」と呼ばれるのか？

羊羹は「和菓子の歴史」の項でも若干ふれたが、羹《あつもの》として伝来した「羊の羹」から生み出された。

羊羹とは羊の肉の入った汁物のことであった。しかし、日本では仏教の伝来以後、公には肉食はしない風習となったため、小麦粉や小豆粉など植物性のものを用いて羊の肉に似せたものを汁に入れていた。

その羊の肉に似せたものだけが取り出されて菓子に変化したのであり、当時は蒸し菓子であり、後に蒸し羊羹となったが、江戸時代中期になって寒天が発明されたことから、それを羊羹に取り入れるようになり、現代でいう煉《ねり》羊羹の誕生となったわけである。

歴史のある商品だけに種類も豊富で「小豆こし餡《あん》」「小倉《おぐら》」など代表的なものの他「白小豆」「柚子」「胡麻」「紅」「黒糖」「挽茶」「栗」「柿」「薯蕷《じょうよ》」「百合根」「昆布」などの他「塩羊羹」もあり、数えきれないほどの種類がある。また形状の変化で、丸い形の「まりも羊羹」や筒状の容器に入ったもの、季節によって作られる「水羊羹」などもあるし、日本全国各地に地域を代表するような名物羊羹がある。

最中《もなか》は、元となるのは干菓子で、その昔は、最中の皮の部分だけが食べられていたが、やがて中に餡を挟むようになり、現代の姿になった丸い形状から陰暦十五夜の月である「最中の月」から名を取ったといわれている。

しかし、時代は移り、名前は最中だが、現代では梅型、角型、筒型、小判型をはじめ、色々な形のものがある。

最中の皮には「焦がし種」「白種」「紅種」「抹茶種」などがある。糯米《もちごめ》を蒸して臼で搗《つ》いた、軟らかいもち種を薄く延ばした生地を切って、型に入れて押して焼くが、焼き色がつかないように白く焼いたものが「白種」「紅種」「抹茶種」であり、高温で焼いて表面を焦がしたものを「焦がし種」という。

中の餡《あん》は、「小豆餡」「小倉餡」「うぐいす餡」「黒糖餡」「白餡」「胡麻餡」「栗餡」など多数ある。中には北海道で作られている昆布味の餡を詰めたものもある。

要は美味しければ、餡でさえあれば、何を詰めてもよいのである。

最中作りで気をつけたいのは、最中の皮は湿気を嫌う性質があるが、中の餡は水分が多いので、その双方を合わせて製品にすると、必ず水分移動が起きて、皮（種）の部分が湿気てしまうこと。

水分移動を抑えるには、餡の配糖量を増やし、硬く煉《ね》り上げればよいのだが、それでは味の調和として良いものとは言えない。軟らかで最中種と調和する硬さの餡を作り、なおかつ水分移動を防いで独特の食感を出すところに、それぞれの和菓子屋の技術と苦労がある。

小豆羊羹
AZUKIYOKAN (jellied bean paste with adzuki beans)
寒天はテングサ(海藻)から作られる。
天草を煮て凝固成分を抽出し固めたものがところてんで、
ところてんを脱水乾燥したものが寒天になる。
ところてんは平安時代から食べられていたようだが、
江戸時代に寒天が発明されると、それまでの
蒸し羊羹とは異なる食べ口の煉り羊羹が作られる
ようになり人気となった。
煉り羊羹は、寒天に水を加えて加熱溶解し、
砂糖、餡を加えて煉り、流し型に流し固める。
小豆餡を使ったものが小豆羊羹である。

白小豆羊羹（赤）
SHIRO AZUKIYOKAN(jellied bean paste)
抹茶羊羹（緑）
MACCHAYOKAN (jellied bean paste with green tea)
白餡を使い、抹茶を加えると抹茶羊羹になる。
白餡羊羹の中に、
蜜漬けした白小豆を入れると白小豆入り羊羹。
ここでは食紅を加えて赤色に着色している。

最中
MONAKA (bean paste in a wafer shell)
最中の皮(最中種とも言う)は、
餅を型に入れ型模様に焼いて作る。
元は白焼きにした種に餡を詰めた丸いお菓子が
始まりと言われている。その後、色々な形のものや、
焦がし種も作られるようになり、
各店オリジナルな形で作られている。
中に詰める餡は、潰し餡・漉し餡、
梅・抹茶や柚子などを入れた餡。
ぎゅうひ(白玉粉に砂糖を加えて煉った餅)を
詰めたものもある。

最中3種
THREE TYPES OF MONAKA (bean paste in a wafer shell)
松(焦がし種=奥)/大納言潰し餡
紅梅(白焼き種の着色=右下)/梅漉し餡
白梅(白焼き種=左下)/白小豆潰し餡

打菓子(菓銘＝御所車)
UCHIGASHI (molded candies)
砂糖に水分を加えて湿りを与え、
味じん粉(又は寒梅粉)を加え混ぜて種を作り、
各種木型に詰めて打ち出したお菓子。
型模様に合わせて色々な色に染めて作られる。
着色せずに“白”で作ることもある。
型模様によって、菓銘は変わる。
※味じん粉・寒梅粉＝ p.119 参照。

押菓子(菓銘＝菜畑)
OSHIGASHI (pressed candies)
砂糖に餡を加えて湿りを与え、
上南粉(味じん粉・寒梅粉より粒子の粗い粉)、
味じん粉(又は寒梅粉)を混ぜて種を作り、
型に押し入れて固め、切り出して仕上げるお菓子。
打ち菓子同様に着色が可能で、
二色を重ね合わせて作り、切り口を模様にして
仕上げることもある。色合いなどで、菓銘は変わる。

包む文化

A culture of exquisite packaging

「包む」というと、私が四五年ほど前に初めて海外に出掛けた時のことを思い出す。

その当時すでに何度も海外に出掛けていた先輩たちが口を揃《そろ》えて「日本にはチップの習慣がないが、外国にはチップの習慣がある」といい、タクシーに乗ったらこうせよ、ホテルでは、レストランでは、とご指導を頂いた。

その時に漫然と違和感を覚えた。

チップを出すことにではない、日本にはチップの習慣がないと言われたことについてである。

日本にも古くからチップの習慣はあった。店の小僧さんがお使いに来てくれた時も、誰かが自分のために何かを為してくれた時もチップは渡していた。

ただ、そのチップはむき出しに現金を渡すのではなく〝おひねり〟と称し、小銭を紙にくるんで渡していたのであって〝おひねり〟の習慣はあったのである。

それは「むき出しにしない」というつつましさの表れであろう。

何処で読んだものか記憶が定かでないのだが、その昔読んだ本の中に、包むの語源はつつましいであり、あからさまにしないということで、心を包むの意につながるというものがあった。正しくそれが日本人の心だと強く印象に残っている。

さて、和菓子である。

私は戯れに「洋菓子は積み上げる文化であり、和菓子は包む文化だ」という。

洋菓子は次から次へと、チョコレートであれ、果物であれ、上に、上にと積み上げて、まるで満艦飾のように飾り立てる。

一方、和菓子は美味しさの源である〝餡《あん》〟は内に包まれるし、栗であれ、梅であれ、ほとんどのものは外からは見えない内側に存在するのである。

これは少々うがった物言いではあるが、包み込む故に和菓子の持つ調和の味を生み出しているといえなくもない。

和菓子には、餡を用いないものも数多く存在する。たとえていうと九州の銘菓（現在では日本各地で売られているが）のひとつに「カルカン」という蒸し菓子がある。

このカルカンは米の粉と山の芋、砂糖だけを原料として作られるもので、米の香りと山の芋が馥郁《ふくいく》と香る静かな個性を持った和菓子である。

一方、和菓子の命ともいわれる餡は、小豆の中に存在する餡粒子に砂糖を配して、独特の口溶けを生み出した個性溢れる旨味を持つもので、もちろん、餡そのものが汁粉などで食されるし、餡こ玉などという商品もある。

そのカルカンと餡が合体すると、餡がカルカンに包まれ「カルカン饅頭《まんじゅう》」となる。カルカン饅頭は、静かな個性のカルカンと口溶けの良い餡が調和してまったく新しい「カルカン饅頭」という個性を生み出す。

包まれた餡は外からは見えないのであるが、ひと口食べると、その味わいは見事なまでに二つの個性が調和する。

和菓子の味は多くのものが外側の種と呼ばれるものと、包まれて内側にある餡と呼ばれるものの調和によって成り立っているといえる。

正月に売られる「花びら餅」は、宮中で正月行事に用いられる「菱葩《ひしはなびら》」に由来する。外からはほんのりと薄紅色が透けて見える上品な餅菓子にしか見えない。しかし、中身には由来がある。

丸くのした白い餅の上に小豆の渋で染めて菱形《ひしがた》に切った餅を乗せる。真ん中に味噌餡を置く。味噌仕立ての雑煮を意味するものである。さらにごぼうの甘煮を乗せる。このごぼうは宮中で新年に長寿を願う歯固めの行事に食べる押し鮎に見立てている。

陰陽道では、円形は天を、方形は地を意味していることから、菱葩《ひしはなびら》の紅白の餅は天地の象徴だともいう。なんと、この花びら餅は宇宙を包み込んでいるのである。

「子持ち饅頭」というものもある。

直径が十五センチもある大きな饅頭である。切り割ると餡の中に、それぞれに色美しい餡が包まれた小さな子供の饅頭が三個ほど見える。子孫繁栄の願いを込めて結婚祝いなどに使われる和菓子である。

見えないところに様々な意味や願いを包み込んだ和菓子。美味しさを内に包み込んで調和の味を生み出す和菓子。

そこには日本人ならではの「包む文化」がある。

伝統のお菓子大福、饅頭

Traditional sweets "DAIFUKU, MANJU"

饅頭《まんじゅう》(万頭)は、蒸し菓子のひとつで和菓子を代表するもののひとつでもある。中国から伝来し、その昔は羊や豚の肉を味付けして加工したものを種で包み、名前も饅頭の他に蛮頭、蔓頭、包子、などの文字を用いていた。蛮頭と呼ばれるには語源がある。

中国の三国志で知られる諸葛亮孔明《しょかつりょうこうめい》が蜀の国の丞相《じょうしょう》だった頃、孔明が蛮国を滅ぼして帰路に濾水という河を渡ろうとしたところ、河が氾濫《はんらん》していて渡れずにいた時に、河の神に人の首を切っていけにえとして捧げれば氾濫が治まると聞いた。しかし、孔明は野蛮な行為をしてはならぬと戒め、小麦粉で作った皮に羊の肉などを詰めて人の頭のように作らせ、いけにえの代わりに捧げて、河を渡ることに成功したという話から名付けられたといわれている。饅頭は、永い歴史の中で育まれてきたものだけに種類も数多い。

先ず蒸し饅頭と焼き饅頭がある。

蒸し饅頭は餡《あん》を種（皮の部分）で包み、蒸気を使って蒸し上げるものをいうが、中の餡は、小豆こし餡、つぶし餡、小倉《おぐら》餡、白餡、紅餡、金時餡、うずら餡、うぐいす餡、栗餡、胡桃《くるみ》餡、胡麻餡、柚子餡、抹茶餡、味噌餡、などと数多く、別に栗や梅などを実のまま用いるものもある。

種の部分に黒砂糖、黄奈粉、味噌、蓬《よもぎ》、麦こがしなどを加えたもの、さらには上用粉（米粉）を用いた「上用饅頭」やそば粉を用いた「そば饅頭」、カルカン粉（米粉）を用いた「カルカン饅頭」など薯蕷《じようよ》（つくね芋）のふっくらと浮く力を利用して仕上げるもの、麴《こうじ》で発酵膨張させる「酒饅頭」、種に清酒を加える「清酒饅頭」、葛粉を用いた「葛饅頭」などなど、材料や製法で小分類しても三十種類は超える。また、オーブンで焼いて作る焼き饅頭も栗饅頭、カステラ饅頭、東《あずま》饅頭など数多い。

それればかりではなく、全国各地方に大きさや形も様々に異なる、その地域ならではの名物といわれる「○○饅頭」「△△饅頭」があり、その数はとても数えきれるものではない。それぞれの特色あるお国ぶりは、まさに和菓子が地域や生活文化によって育まれてきたことを物語っているといえよう。

大《だい》福《ふく》は、日本最古の加工食品といわれ、和菓子の原点のひとつでもある〝餅〟を用いたものとして代表的である。

大福餅は『寛政紀聞』（一七九八年頃）という本に「大福餅（略）流行也。（略）馬夫など下賤の者の食べ候、はらぶと餅というものを少し丁寧に拵えたる迄の由也」とあることから腹太《はらぶと》餅の変化したものと考えられている。

腹太餅は、明和の末から安永元年（一七七一～七二年頃）にかけて江戸小石川に住んでいた、お玉という女性が白餅に餡を包んで売り出したことに始まるといわれるが、それが腹太餅であったのか、大福餅であったのかは判然としない。いずれにせよ、当時はまだ砂糖が高価で充分に出回っていないことから、塩餡を包んだ餅であったと思われる。

その後、砂糖入りの餡に変わり、草大福なども登場したが、赤えんどう豆を散らした「豆大福」が作られたのはさらに後の世である。

餅菓子であるから、作ったその日に食べなければ硬くなってしまうが、それを焼いて食べる「焼き大福」も捨てがたい味であるというか、明治、大正はもとより昭和のはじめは焼いて食べるのが当たり前の菓子であった。

時代が変わって、硬くなりにくいように工夫して、焼こうとすると餅が溶けてしまうものも出回っているが、一方で昔ながらの製法で焼くと美味しく食べられるものも少なくないので、是非試してみると良い。万一、焼いて皮が溶けるようなら蒸して食べると作りたての味が楽しめる。

豆大福
MAMEDAIFUKU (stuffed rice cake with beans)
江戸時代、塩だけで味付けをした餡を包んだ餅菓子があり、
その形は鶉に似ていることから「うずら餅」と呼ばれていた。
その「うずら餅」の餡に砂糖を加えて作り
「腹太餅(はらぶともち)」と言うものが作られ、
腹太餅が大腹餅になり、大腹より大福の方が縁起が良いと
いうことで「大福餅」と名を変え現在に至っている。
白い餅の中に赤豌豆(えんどう)を入れたものが「豆大福」で、
年間を通じて作られる。

蓬大福
YOMOGIDAIFUKU(stuffed mugwort rice cake)
右ページと同じ大福。
餡を包む餅の中に蓬を搗き込んだものが
「蓬大福(よもぎ大福とも)」で、
主に春に作られる。

薯蕷饅頭（じょうよまんじゅう）

JOYOMANJU (bean-paste bun prepared with grated Chinese yam)

つくね芋（山の芋）などを用いて作られる蒸し饅頭。
つくね芋の皮をむいて、
目の細かいおろし金で擂り下ろし、
砂糖、上用粉を合わせて生地を作る。
芋の香りが良く、
純白で品格がありお茶席でも重宝される。
※上用粉＝粳米（うるちまい）から作られる、上新粉より粒子の細かい粉。
p.12 柚子饅頭、p.13 えくぼ饅頭、p.105 つくし（織部饅頭）などは、
薯蕷饅頭の応用品。

茶饅頭

CHAMANJU (brown sugar bun)

黒糖饅頭(まんじゅう)、利久饅頭、大島饅頭なども
呼ばれる蒸し饅頭。
生地に黒砂糖を用い、
黒砂糖の風味を生かした製品。
隠し味に、蜂蜜、みりん、醤油などを使っている。
中餡は小豆漉し餡を包んだが、
潰し餡を包むこともある。

おわりに

和菓子は千年の歴史の中で育まれた、日本の食文化を代表するもののひとつであるとよくいわれる。

しかし、歴史の中で育まれたものが全て残っているわけではない。食の世界においても、多様化する食習慣や流通経路、冷凍技術の進歩などの影響は大きく、つい、この間までは商店街に必ず一軒や二軒は存在した、豆腐屋、八百屋、魚屋、肉屋などは大半が姿を消し、スーパーマーケットに代表される大型の流通小売店で買い求めざるを得なくなってしまった。

いや、それだけではなく全国各地にある商店街は閉店に追い込まれる店が多く、櫛《くし》の歯が欠けるような状態が目につく。

そんな中にあって、和菓子屋はまだまだ店を構えているところが数多い。

何故か？　私は和菓子というものの持つ個性が、食べる人の心をとらえて離さない故ではないかと思っている。

絵を描く、文字を書く、人形を作る、工芸品を作る、など人の作るものには、それを作った人の個性が宿る。和菓子にも、その個性が宿っていると言いたい。ここでいう個性とは、奇を衒《てら》ったり、珍しいものを供することではない。羊羹《ようかん》、最中《もなか》、饅頭《まんじゅう》といった何の変哲もない、誰もが目にし、口にする当たり前の和菓子に宿る個性である。同じように見える饅頭であっても、作り手によって、彩りも形も味も異なる個性が生きているのである。

そして、その個性があればこそ経営規模の大きい和菓子屋が全てを席巻することもなく、小規模な和菓子屋を存在せしめている。

そこに、それぞれの和菓子屋や和菓子職人の誇りがあり、技術と伝承がある。

そうした技術の向上を目指し伝承を図ることが、日本を代表する食文化のひとつである和菓子のために何よりも大切である。そのような考えから、全国和菓子協会では全国を統一して和菓子製造技術を評価するための「選・和菓子職」を開催し、伝統和菓子職と優秀和菓子職の認定を行っている。

経験豊富な技術者が数多く挑戦する中で、認定を受けた和菓子職人はわずか一五～一六パーセントにしかすぎない狭き門であるが、現在、これに挑戦する技術者が後を絶たない。

フレンチ、イタリアンのシェフ、洋菓子のパティシエ、ショコラティエなどは、その技術者の名を掲げて「○○の作る××」というように技術者の名を高めている。

一方、和菓子職人はたとえ自分の作った菓子に自分の名前の冠がつかなくても、働いている和菓子屋の売る和菓子が美味いと評価されれば、そのことを喜びとして、自身の誇りは内に秘めて満足する面がある。それは日本人特有の伝統的な精神構造のひとつと感じる。

しかし、いつまでもそれで良いというわけでもない。やがて和菓子の世界にも製造した和菓子職人の名を冠とした和菓子が登場する時が来るであろうし、それは、和菓子職人の地位向上にも一役果たすと思う。

今回本書に収録された和菓子は、全て「選・和菓子職」において審査委員を務め優秀な技術で知られる二人と、第一回の「選・和菓子職」において優秀和菓子職に認定された二人が、本書のために作ったものである。

和菓子職人の技術を認定する仕組みができたことは、ひとつの例にすぎないが、和菓子産業は伝統の中にあって、技術者それぞれが、進取の精神を持って創造性を発揮しており、さらなる伝統を積み重ねると共に新しい商品や味を開発し、将来にわたって和菓子文化を残すであろうと期待している。

著者
藪 光生（やぶ みつお）
全国和菓子協会専務理事。業界の経営指導、広報活動に尽力するほか、講演活動、教育活動を精力的にこなす。現在、全日本菓子協会常務理事、日本菓子教育センター副理事長、専門学校講師なども兼務。

菓子制作
梶山浩司
全国和菓子協会選和菓子職審査委員、東京製菓学校校長
羽鳥 誠
全国和菓子協会選和菓子職審査委員、東京製菓学校教育部次長
小林紀夫
全国和菓子協会認定優秀和菓子職
東京製菓学校和菓子課長
長谷川献
全国和菓子協会認定優秀和菓子職
東京製菓学校教材主任

デザイン
木村裕治
佐藤 幹
木村デザイン事務所
撮影
阿部 浩
英文翻訳
オフィス宮崎
ウィニフレッド・バード（Winifred Bird）

ジャパノロジー・コレクション

和《わ》菓《が》子《し》 WAGASHI

藪《やぶ》 光生《みつお》

平成27年 1月25日　初版発行
平成27年 4月25日　再版発行

発行者●郡司 聡

発行所●株式会社KADOKAWA
〒102-8177　東京都千代田区富士見2-13-3
電話 03-5215-7836（営業）
http://www.kadokawa.co.jp/

編集●角川学芸出版
〒102-0071　東京都千代田区富士見2-13-3
電話 03-5215-7815（編集部）

角川文庫 18989

印刷所●株式会社暁印刷　製本所●株式会社ビルディング・ブックセンター

表紙画●和田三造

ISBN978-4-04-408325-0　C0176

角川文庫発刊に際して

角　川　源　義

第二次世界大戦の敗北は、軍事力の敗北であった以上に、私たちの若い文化力の敗退であった。私たちの文化が戦争に対して如何に無力であり、単なるあだ花に過ぎなかったかを、私たちは身を以て体験し痛感した。西洋近代文化の摂取にとって、明治以後八十年の歳月は決して短かすぎたとは言えない。にもかかわらず、近代文化の伝統を確立し、自由な批判と柔軟な良識に富む文化層として自らを形成することに私たちは失敗して来た。そしてこれは、各層への文化の普及滲透を任務とする出版人の責任でもあった。

一九四五年以来、私たちは再び振出しに戻り、第一歩から踏み出すことを余儀なくされた。これは大きな不幸ではあるが、反面、これまでの混沌・未熟・歪曲の中にあった我が国の文化に秩序と確たる基礎を齎らすためには絶好の機会でもある。角川書店は、このような祖国の文化的危機にあたり、微力をも顧みず再建の礎石たるべき抱負と決意とをもって出発したが、ここに創立以来の念願を果すべく角川文庫を発刊する。これまで刊行されたあらゆる全集叢書文庫類の長所と短所とを検討し、古今東西の不朽の典籍を、良心的編集のもとに、廉価に、そして書架にふさわしい美本として、多くのひとびとに提供しようとする。しかし私たちは徒らに百科全書的な知識のジレッタントを作ることを目的とせず、あくまで祖国の文化に秩序と再建への道を示し、この文庫を角川書店の栄ある事業として、今後永久に継続発展せしめ、学芸と教養との殿堂として大成せんことを期したい。多くの読書子の愛情ある忠言と支持とによって、この希望と抱負とを完遂せしめられんことを願う。

一九四九年五月三日

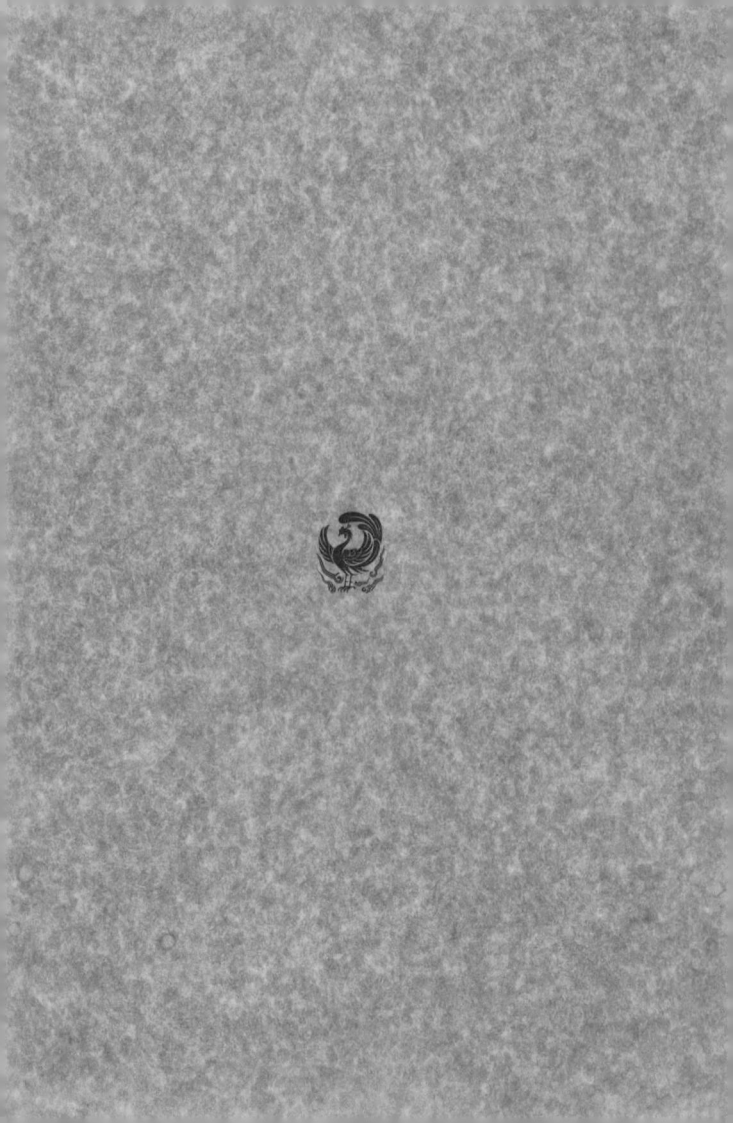